ちくま新書

ドキュメント 日本会議

藤生明
Fujiu Akira

1253

ドキュメント日本会議【目次】

プロローグ　007

第一章　発端──打倒全学連　015
一九六六年、長崎大学で／「学園正常化への闘い」／生長の家、谷口雅春の教え／民族派全学連構想／民族派、鈴木邦男の誕生／全国学協、委員長解任／「政治の季節」の終焉／「何も見えていなかった」／今なお息づく右派の系譜

第二章　転機──三島事件の衝撃と脱教祖　037
一九七〇年、日青協結成／三島由紀夫の自決／三島事件がもたらしたもの／谷口雅春と三島由紀夫／「現行憲法を破棄せよ」／「大日本帝国憲法復元決議」／谷口雅春の憲法論と岸信介／日青協の「自己批判」／葦津珍彦と鶴見俊輔／葦津による神社擁護論／日青協の戦略大転換／「地方から中央へ」／保守運動体「日本を守る会」

第三章　「神聖なる国家」という思想　073
日本会議批判への反論／目指すは「神聖な国家」／保守派と建国記念の日／政府・自民党と奉祝委員会／奉祝委員会側の不満／中山正暉の証言／「文化の日」を「明治の日」に／「明治の日」制定運動の真意／祝日〝正常化〟運動

第四章　教育「正常化」運動——憲法改正の前哨戦　097
「つくる会が「歴史戦」を主導」／高橋史朗の歴史教育批判／藤岡信勝の「東京裁判史観」批判／つくる会の教科書、採択戦／惨敗、そして内紛、分裂／「育鵬社版」シェア四割の仕掛け人／教科書改善運動の系譜／高校歴史教科書『新編日本史』／教育基本法改正運動／中曽根元首相の悔恨／「地方から中央へ」がフル回転／萩生田光一の解説／「まず国民意識を立て直す」／元最高裁長官、三好達の思想

第五章　靖国神社「国家護持」　129
「参拝する会」と「天皇ご親拝」／靖国神社「国家護持」／村上正邦と「タカ派の総帥」／A級戦犯

合祀の実行者／タカ派の重鎮、奥野誠亮／外交問題になった靖国参拝／靖国参拝の「仕掛け人」、日本会議／新宗連の危惧／国立追悼施設構想

第六章　日本会議、結成　151
タカ派をまとめた黛の「包擁力」／日本会議の誕生／細川護熙の「侵略戦争」発言／「だまし討ち」の衆院決議／アンチ創価学会のうねり再び／「公明をぶっつぶす」／椛島有三の公明党批判

第七章　揺れる思想　171
日青協元委員長、衛藤晟一の来歴／生長の家の安倍政治批判／衛藤と安倍の盟友関係／「生前退位」と衛藤の苛立ち／「蟻の一穴」を警戒する伊藤哲夫／「女性宮家」批判が続出／「椛島君は分かっているはず」

エピローグ　189

あとがき　197

プロローグ

日本《にっぽん》会議が目を光らせている。

平和祈念館、戦争資料館などの展示を調べ、施設運営者に見直しを求めるのだ。自虐的な表現はないか、中国の主張を鵜呑みにした説明になってはいないか、信憑性のある写真なのか、反日・偏向はないか——。

抗議をうけ構想が宙に浮いたままの東京都平和祈念館（仮称）、大幅な見直しを迫られた大阪国際平和センター（ピースおおさか、大阪市）、堺市立平和と人権資料館——。

被爆地・長崎にその先鞭をつけた保守系団体がある。日本会議長崎が事務局をかねる「長崎の原爆展示をただす市民の会」（代表・渡辺正光）だ。

ただす会の結成は一九九六年。その春、長崎原爆資料館がオープンした際、その一角にある「日中戦争と太平洋戦争」コーナーに、「原爆投下とは無関係の南京事件や七三一部隊に関する記載などがある」と、展示内容について抗議した。

その取り組みが、後述する日本会議の前身である「日本を守る国民会議」や、その実務を担う「日本青年協議会」(日青協)の機関誌で紹介されると、同様の運動が全国の戦争資料館を対象に広がっていった。

日青協の機関誌『祖国と青年』(一九九六年七月号)には、現在の日本会議事務総長で日青協代表(当時)の椛島有三《かばしまゆうぞう》(七二)の主張「長崎原爆資料館は共産党の宣伝施設か」が掲載されている。

椛島は長崎大学出身だ。勝手知ったる街に開設されたこの資料館を訪ねた上で、巻頭六ページを割いて痛烈に批判。そこには彼の歴史観が明確に記されている。

「昭和史全体を断罪しようとの明白な意図によって構成されているというのが、コーナーを見ての率直な印象だ。端的に言えば、資料館は「天皇制ファシズム論」という共産党の歴史観のショーウィンドーだということに尽きる」

「指導者たちが戦争終結にともなう革命を恐れ、「天皇制を維持」しようとしたために、原爆投下による国民の犠牲が生まれたとの主張が展開されている」。このような論理で、問題視した展示の全面撤去を訴えた。

ただす会はその後、長崎市が主催する「平和祈念式典」のあり方にもさまざまな要望を出すようになった。二〇一六年の式典直前、ただす会は長崎市長あてに緊急要望書を出した。

「式典は核兵器廃絶の実現を祈念する場です。市民に無用な対立をもたらす政治的な言動は厳に慎むという姿勢を徹底するよう、強く要望いたします」

要望のきっかけは、「平和への誓い」を読み上げる被爆者代表が、「誓い」の中で「憲法がおろそかにされている」「政府に対し、憲法違反の安全保障関連法の廃止を要求」、さらに、「日本のアジアへの加害責任にも言及する」意向であるとの報道だったという。

ただす会代表の渡辺らは「安全保障関連法を必要と考えている市民もいる、また、日本の戦争行為をあえて自虐的に語ることは原爆投下を正当化することである」と強く批判。被爆者代表の姿勢に強い違和感を覚えるとして、人選の変更などを求めた。

二〇一六年夏、長崎県神社庁（長崎市）の施設の一角にある「ただす会」を訪ねた。事務局長の北村芳正（五六）は、「日本会議長崎」や、建国記念の日式典を毎年開いている保守団体「長崎日の丸会」の取りまとめ役で、長崎保守運動では知られた存在だ。

北村に「ただす会」の運動成果を問うと、「長崎独自で取り組んで、それが全国に広がった。当然、さきがけとしての自負はありますよ」と胸を張った。

北村は一九七八年、長崎大学教育学部に入学。その半年後、学生団体「長崎大学日本教育研究会」(日教研)に入部、最終的には部長も務めた。そこでの経験が、その後の進路を大きく変えた。

一年生の夏休み明けだった。そろそろサークル活動でもと思っていたところ、日教研をやめた同級生から「おまえにちょうどいいサークルがある」と言われ、興味をもった。その少し前、日教研は右翼サークルだという噂がたって新入生がごっそり抜けていた。ところが、入ってみると、「こんな分野の勉強をしている人々がいるんだ」と驚かされ、ハマった。

そのサークルは、前出の椛島らが一九六〇年代に長崎大で組織した民族派学生運動の流れをくむ団体だった。民族派とは六〇年安保前後、「日本民族精神」の復興を旗印とする学生団体が使い出した呼称で、「右翼」には暴力的、ヤクザ的な含意があることを忌み嫌って、全国的に使われるようになったという。民族派、右翼のいずれにせよ、日教研がそうした系譜上にあるサークルだという学内の噂は当たっていた。

北村の実家では、教育や司法、報道に批判的なタカ派のオピニオン紙『言論人』(言論人懇話会）を購読しており、北村もまた、その方面に明るかった。

友人の勧めはまさに運命的なものだった。北村は教職には進まず、「ここで学んだ歴史や憲法、国家観を社会で生かしたい」と、日青協のメンバーとなり、「日本を守る国民会議」「日本を守る長崎県民会議」の職員になった。

そして、いま、北村の属する日本会議が政権の黒幕だと噂され、世間の耳目を集めるようになった。実務のトップ、椛島が右派学生運動を始めた長崎大学にも、「なぜ、長崎から」という疑問が投げかけられるようになっている。

長崎の平和運動を牽引してきた憲法学者の長崎大名誉教授、舟越耿一《ふなこえこういち》（七一）も自らにそんな問いかけをし、答えの出ない一人だ。

「なぜ、平和都市長崎が右翼学生の発火点になったのか。それは、被爆都市で現役の市長が二代にわたって銃撃された街であることとどう関係しているのか、私には答えは出ない」

長崎市では一九九〇年一月、天皇の戦争責任に言及した市長、本島等《もとしまひとし》が市役所前で右翼団体構成員に銃撃されたほか、二〇〇七年四月には、四選をめざして選挙運動中の市長、伊藤一長《いっちょう》が地元暴力団員に射殺された。ともに、平和運動に非常に熱心な市長だった。

舟越は一九七六年、長崎大に着任した。椛島がキャンパスを去り、日青協を組織してから六年後のことだ。左翼学生運動はすでに退潮。数少ない立て看板には右翼的な言葉が並び、学生自治会の実権は「学協」と呼ばれる右派学生が握っていた。

「自主憲法制定」。舟越が憲法の講義をする教室前に、大きな看板が立てかけられたことがあった。右翼学生の闘争宣言とみた舟越は教壇から訴えた。「討論を望むならいつでも来い」。挑んでくる学生はいなかった。

それからだいぶ後のことだ。小林よしのり（六三）の『戦争論』が評判になって何年かたった時期、十人ほどの舟越ゼミに、日本軍の侵略・加害を否定する学生ばかりが示し合わせたように入ってくるようになった。志望動機を聞いても言《げん》を左右にして、明確な答えはない。学生の中に右派の流れが受け継がれていることは確かなように思えた。

「「新しい歴史教科書をつくる会」ですね。あの教科書運動が大学を一変させた。あそこで、もっと正確に反撃しておくべきでした」「戦争責任は国民の間で揺るぎない認識だと思っていた。それが違った。多数と少数がひっくり返るなんて、思いもしなかった」

つくる会は一九九七年に組織された運動団体で、「従来の教科書は自虐史観にしばられている」と批判。中学校用歴史、公民教科書づくりに乗り出し、話題を呼んだ。

『日本の誇り」通信』という題字の下に「部外秘」と記された、B五判六ページの「会報」がある（日本協議会・日本青年協議会、二〇一六年九月三〇日刊）。その一、二ページに、二〇一六年七月一〇日の参院選での与党勝利を受けて、椛島が同月三〇日の実務者会議で発言したその詳細が掲載されている。椛島は、日青協の包括団体として〇五年に発足した日本協議会の会長でもある。

「参院選で憲法改正に必要な三分の二が獲得された。大事なことは七月一〇日に世の中が変わったことを深く思うこと。私たちは一変した新たな世界にいる」

「衆参で同時期に憲法改正の状況が生まれたことは神業に近い。G7の首脳が伊勢神宮に正式参拝した。その後の選挙なのだから神業と思うほうが自然だ。現出した状況に感謝し、我々の責務を全うしたい」

たいへんな高揚ぶりだ。やっと、ここまで来たという感慨が伝わってくる。

二〇一七年五月末、日本会議は結成二〇年を迎える。

会員約四万人。日本会議国会議員懇談会約二九〇人。同地方議員連盟約一八〇〇人。

「草の根保守主義」を標榜し、全都道府県に地方本部を置き、約二五〇の地方支部を今日までに築き上げてきた。

その間、椛島は事務総長として、自らの出身母体である日本協議会・日本青年協議会とともに、常に改憲勢力の中心にあり続け、教育基本法の改正推進のほか、国立追悼施設建設、女系天皇、夫婦別姓、外国人地方参政権いずれにも反対し、実現阻止のための活動を精力的に展開してきた。

とりわけ、安倍政権の誕生後は、元日青協委員長の衛藤晟一《えとうせいいち》(六九)が首相補佐官に就任したこともあり、椛島らの団体は「日本を裏支配するシンジケート」といった陰謀論めいた取り上げ方さえされるようになった。

果たしてそれは本当なのだろうか。彼らはどこからやってきて、どんな価値観をもち、どのような戦略をもって国政にコミットし、この国をどの方向へ誘導しようとしているのだろうか。その際、緩やかな保守運動体としての日本会議と、強い同志性を帯び、周囲には閉鎖的にも見える日本協議会・日青協とを区別する必要も出てくるかもしれない。

機関誌や論文をひもとき、関係者に当たり、その実像に迫る。

※なお、本書において、表記は原則、新字体・現代かなづかい、西暦とし、登場人物の敬称は省略させていただいた。年齢は判明分に限り、二〇一七年五月一日現在で表記した。

第一章 発端——打倒全学連

日本会議のあゆみ

結成年	団体名	主な活動内容
1966年	長崎大学有志の会	自治会選挙で左翼学生に勝利
1967年	長崎大学学生協議会（長大学協）	原理研究会などと共闘し左翼に対抗
1969年	全国学生自治体連絡協議会（全国学協）	生長の家学生会全国総連合などが主体
1970年	日本青年協議会（日青協）	民族派学生運動のOB組織として結成 のちに日本会議事務総局を担う
1978年	元号法制化実現国民会議	宗教者、文化人らの信頼獲得 地方決議を積みあげる運動確立
1981年	日本を守る国民会議	憲法、教育、防衛が運動の3本柱 歴史教科書づくり、憲法案づくり
1997年	日本会議（田久保忠衛会長、椛島有三事務総長）	「日本を守る会」と「日本を守る国民会議」が合流 国旗国歌法制定運動 教育基本法改正を推進 夫婦別姓反対運動 外国人地方参政権導入に反対 女系天皇に反対 改憲団体「美しい日本の憲法をつくる国民の会」

†一九六六年、長崎大学で

長崎大学は江戸末期の医学伝習所が起点の九学部（医、歯、薬、工、環境科学、水産、多文化社会、教育、経済）を擁する総合大学だ。学園紛争の嵐が吹き荒れた一九六〇年代、長崎大学もご多分に漏れず、左翼学生運動がキャンパスを席巻。バリケードが張り巡らされた学生会館に機動隊が突入し、多数の逮捕者がでたこともあった。

ちょうどその時期である。新宗教「生長の家」の教えを熱心に信じる二人が教育学部に入学してきた。一九六五年に椛島、翌六六年に安東巖《あんどういわお》（七八）だ。

生長の家は神戸出身の宗教家、谷口雅春《まさはる》（一八九三－一九八五）が創唱した新宗教。谷口は早稲田大英文科で学んだインテリで、大正の一時期、大本《おおもと》（大本教）で機関誌紙編集を担当。教祖の出《で》口王《ぐちお》仁《に》三郎《さぶろう》が不敬罪に問われた第一次大本弾圧の翌一九二二年、大本を離れた。「物質はない、実相がある」との神示をうけ、人生、病気の苦しみの解決法を説いた月刊誌『生長の家』を三〇年に創刊、教団「生長の家」を立教した。

教団の公表資料によれば、信徒数は現在、国内に約五二万人。創始者の孫、谷口雅宣《まさのぶ》（六五）の代になって教団本拠を山梨県北杜《ほくと》市に移すなど、環境保全運動に熱心な教団として知られている。だが、この教団について、宗教学者の村上重良《しげよし》が「聖戦完遂を訴えて教団は大発展をとげた。戦後は、谷口が公職追放から復帰後、右傾化、神道化を強めて教勢を拡大した」（朝日人物事典）と記したとおり、反共愛国を前面に押し立て、靖国神社の国家管理をめざす靖国神社国家護持運動、建国記念の日制定運動、「占領憲法」破棄・明治憲法復元運動などを展開した。

大学では、六〇年安保闘争後も収まらぬ学園紛争に立ち向かうべく、教団の呼びかけで、生長の家学生会全国総連合（生学連、一九六六年結成）を組織。生学連は、右派学生の連合体である全国学生自治体連絡協議会（全国学協、六九年結成）の中核組織で、生長の家教団自体、「闘う宗教」として反共愛国陣営の間で絶大な信頼を得ていた、とかつての活動家たちは口をそろえる。全国の大学で先陣をきって生学連の拠点となったのが、長崎大学だった。

†「学園正常化への闘い」

長崎大に入学した安東は四年生の一九六九年、全国学協書記長を務めるかたわら、出身母体の『生学連新聞』（第一一号＝一九六九年五・六月一日発行）に「学園正常化への闘い」というタイトルで、長崎大学での闘争史を寄稿している。

「九州の片すみの小さな一点から「全国学協」という良識派学生の全国組織ができあがる

まで幾多の人々が幾たび涙をぬぐった事だろう。梅の花が寒風に耐えて美しき花を咲かせる如く、全国学協も左翼の言論圧制、物理的圧力下に耐えぬき、果敢なる抵抗を試み続けた人々の努力の賜として結成されたのである」

回想は、やや劇画がかった文体で始まる。「長崎大の一点突破が全国へ飛び火し――」と続く力のこもった文章は、民族派学生運動のパイオニアとして、左翼と戦った強い自負がにじみ出ている。彼らの原点は、左翼学生との衝突だったというのである。

安東の文章から、当時の模様を再現してみよう。

「てめえら、どういう考えでこんなビラ配るんだ!!」

「バシッと言う平手打ちと共に椛島さんの身体が横倒しになった」。朝まで徹夜して作った二千枚のビラがバラバラとなり踏みにじられる。一九六六年七月三日、長崎大学正門前での出来事だという。

「この日の事を僕は永久に忘れない。なぜなら、この事件こそが、僕等をして学生運動正常化に走らしめた直接の原因だからである」

この出来事は、騒然とした大学の状況を憂え、椛島と安東が学園正常化のための有志会を結成し、「デモ反対・全学連反対」のビラを配ろうとした矢先に起きた。安東はくしゃくしゃになったガリ板刷りのビラを握りしめながら、こみあげてくる怒りをどうしても抑

民族派学生を鼓舞した『生学連新聞』。右の「学園正常化の使命感」の記事は椛島の体験談（提供：朝日新聞社）

えることができなかったという。

「大学にこのような暴力がまかり通っていいのか」

しかし、安東が最も憤激したのは、そのような状況にありながら、なお沈黙しつづける一般学生のその態度だった。まさにその時、安東は、全学連打倒を決意したのだ。左翼自治会がある限り、学園から暴力は消えないと考えたという。

当時、安東らと対峙していた左翼学生グループ「反帝学評」のリーダーの一人、大野泰雄（七二）らに話を聞くと、しかし景色は違って見える。

安東の回想とは別の衝突が一九六八年一〇月下旬、長崎大正門そばで生じた。「国際反戦デー」に賛成の立場から大野らはビラを配り、椛島らはそれに反対するビラを配っていた。ともに六人。しばらくすると、いさかいが起きた。大野は仲間を止めに入ったが、その後、大野を含め左翼側の全員が暴行容疑などで長崎県警浦上警察署に連行されたという。

「彼らの言うリンチってなんですか。大学当局、警察、要するに常に権力と組んで、当局を弾よけにして左翼つぶしを仕掛けてくる。彼らがいまや政権に近い存在だと聞いて、非常に残念に思っていますよ」

†生長の家、谷口雅春の教え

その頃、日本は東京五輪（一九六四年）後の不況を短期間で抜け出し、戦後最長クラスの「いざなぎ景気」を迎えていた。ビートルズ来日公演、ミニスカートの登場。経済発展の一方で、全国で公害が深刻化し、六七年には公害対策基本法が成立している。ベトナム戦争の激化は日本国内の学生運動・平和運動とも共振。七〇年安保改定を前に、警察庁は六〇年安保の二の舞を演じまいと、圧倒的な警察力で左翼を封じ込めようとしていた。

とはいえ、学内だけをみれば左翼勢力に比して右翼・民族派は少数派だったのは間違いない。その中で民族派学生運動を作りあげていった安東・椛島らはどんな人物で、どんな戦略をもった運動を展開したのだろうか。

先述の闘争史を記した安東は一六歳から九年間、心臓の病気で寝たきりの闘病生活を送った苦労人だ。本人曰く、「生長の家のみ教えで病気が治った」（教団の雑誌『精神科学』、一九八七年一一月号）といい、編入試験で明善《めいぜん》高校（福岡県）に復学した後、二〇代後半で大学生になった。後述するように、左翼全盛の時代に、長崎大での小規模な学生運動を全国へと拡大し、民族派全学連を結成するという、壮大な構想を描いた稀代の戦略家、民族派学生運動のカリスマと評される。その後、教団職員となった後も椛島の兄貴分的存在で、日青協運動に強い影響を与え続けた。

一方の椛島は生長の家信徒の家庭育ち。教団職員にはならず、一九七〇年に大学を中退し、生学連出身の仲間らと民族派青年組織、日青協を結成、リーダーとなった。運動体づくりのうまさと実務能力の高さで知られ、右派宗教人や学者らの信用を勝ち取っていった。作曲家の黛《まゆずみ》敏郎《としろう》を議長に担いだ改憲組織「日本を守る国民会議」では事務局長に就任、一九九七年の「日本会議」設立以来、実務のトップである事務総長を務め続ける。

彼らが人生の師と仰いだ先述の宗教家、谷口雅春はその当時、「日本国家は危篤である。宗教者は立ち上がれ！」と信徒を鼓舞していた。生学連は、教団の「反共愛国路線」にそって一九六六年五月に結成された組織であり、発足宣言にはこうある。

「暗黒の世界にさまよい続けている朋友を救い、祖国の生命を受けつぐ学徒として、共にしっかりと手を携え合い、祖国と同胞の恩愛に応えることを目指して結成された」『生学連新聞』（二〇号＝一九七〇年五月一日発行）には、「生学連の目指すもの」との題で、「生長の家人類光明化運動の目指すものは真の宗教運動、真の思想運動、真の愛国運動、真の社会変革（維新）運動であり、生学連は以上の事を大学生活を通して実践せんとするものである」と四つの指針が示されている。

そのうえで、「古来、歴史を失った民族は滅亡の道をたどったのである。日本人が日本歴史を喪失した事ほど危険な事はない。我々は日本をしてかくならしめた原因を究明し、反国家、反民族、反天皇的諸状況を断固打ち破らねばならない」と、「真の愛国運動」に取り組むよう呼びかけている。

その運動の最前線に立っていたのが、長崎大だった。そして、突き詰めれば、やはり、安東と椛島という二つの個性が長崎大で出会わなければ、日本会議も生まれ得なかったのである。

†民族派全学連構想

二人は左翼との衝突を機に、教養部自治会の選挙に取り組むことで、民族派学生の運動を一変させてしまう。民青（共産党系）と三派全学連（中核派、社学同、社青同解放派＝反帝学評）以外の学生が長崎大学の自治会選挙に立候補したのはこの時が最初だったという。

この選挙では、仲間を委員長候補に擁立して三六四票を獲得し、二九三票の対立候補を破ってしまう。「国立大初」とされる民族派の自治会が誕生した。

ところが、二人はこの勝利に満足しなかった。日和見な一般学生に頼っている限り、学園正常化はなしとげられないと考え、いかなる事態になっても彼らを支持する組織、必要なときは実力行使も辞さない組織をつくることにしたのである。

統一教会（現世界平和統一家庭連合）の学生組織「原理研究会」や、吉田松陰の縁戚にあたる小田村寅二郎《おだむらとらじろう》（一九一四―九九）が主宰していた「国民文化研究会」系サークル「信和会」などを糾合し、長崎大学学生協議会（長大学協）を結成した。

結成式には、立教大、筑波大、杏林大などで教鞭をとったタカ派の文芸評論家、村松剛《たけし》がやってきて講演したほどで、「学園正常化運動の嚆矢」としての反響は大きかった。

ビラ、新聞、講演会、学習会を駆使する学内マスコミの確立……。こうした組織的な戦術は、生学連のネットワークなどを通じて全国に拡がり、各地の大学で自治会の掌握を目指す学生にとってのモデルとなった。

現首相補佐官の衛藤晟一＝大分大、元自民党衆院議員の井脇《いわき》ノブ子（七一）＝別府大・拓殖大院、憲法学者の百地章《ももちあきら》（七〇）＝静岡大・京大院、安倍首相の知恵袋とされる日本政策研究センター代表の伊藤哲夫（六九）＝新潟大らが、こうした動きを各地で主導した。新しい歴史教科書をつくる会元副会長の高橋史朗（六六）＝早大、も後に続いた。

長大学協に飽き足りなかった二人は、民族派学生の全国統一という壮大な青写真を描きはじめる。敵対する左翼は六〇年安保後、離合集散を繰り返し低迷し続けていたものの、三派全学連、民青系全学連、革マル派全学連の三つの流れに収斂され、七〇年安保に向けた新たな歩みを踏み出そうとしていた。安東・椛島はその左翼に対抗しうる民族派全学連、その前段としての全国学生自治体連絡協議会（全国学協）を作りあげようと動き出したのである。

きっかけは一九六八年の佐世保エンプラ闘争。この年の一月一九日、米海軍の原子力空母エンタープライズが佐世保港に入港。原子力艦船が国内に入港するのは、原子力潜水艦を除けば、これが初めてのことだった。全国から寄港反対を訴える市民や学生らが集まり、警官隊と衝突を繰り返した。『佐世保市史　通史編　下巻』によると、同月一六日から二三日の八日間に開かれた集会は一四回、デモは五回。社会党や共産党、民社党、三派全学連など計約四万七〇〇〇人が集結したという。

安東らの長大学協の要請にこたえて一〇〇人ほどの民族派学生が集まった。「寄港反対」を訴える左翼学生・市民の人波で埋め尽くされると、打つ手はなかった。安東はその日の日記にこう書いた。「人数には人数をもって対する以外ない」

デモの晩、宿舎に戻った彼らは、さっそく九州の仲間だけでも結集できる組織の立ち上げに着手している。そして、わずか二カ月後には、二八大学三〇〇人の学生を集め、九州学生自治体連絡協議会（九州学協）を福岡市・天神で結成。趣意書で、こんな青写真を示した。

「やがて中国、四国、北海道と続々とブロック学協ができるだろう。そして、それらが合体して全国学協が成立するだろう。その時こそが正常化の到達点であり、スタートである」

先に紹介した安東による闘争史が書かれたのは、九州学協結成の趣意書が書かれた一年後、全国学協結成をみた一九六九年五月のことだ。紙面は彼らの満足感が窺える内容で、野心的な言葉で結ばれている。

「予想より遅れはしたが、このプログラム通り進行し、僕等は確実に全国学協を手中にしたのである」。まさに青写真通り、西から「進軍」を始めた二人は全国組織を掌中に収めたのである。

†民族派、鈴木邦男の誕生

そんな長崎発の動きに、早くから注目する早大生がいた。後に新右翼「一水会」代表になる評論家、鈴木邦男（七三）だ。当時、生学連書記長として、各地の大学のサークルや信徒らを訪ね、「長崎大に続け」とハッパをかけて回っていた。「左翼全盛の時代。自治会選に出ようとは考えないし、もちろん、勝つなんて思ってもみない。そこで勝った。戦略、行動力ともすごい人たちだった」と回想する。

一〇年ほど前、鈴木に案内してもらい、「生長の家」の関連施設を訪ねて回ったことがある。三代目の谷口雅宣が率いる現在の教団は「環境重視」「リベラル」な主張が目立ち、教団本部機能も山梨県北杜市の山中に移すなど、初代、谷口雅春のころの反共愛国をうたう闘う宗教とは一変していた。鈴木がその教団で何を学び、いかにして民族派となり、やがて右翼運動から距離を置くようになったのか。当時の私はそれが知りたかった。

医者がさじを投げるほどの肺病を信仰で治したという母親の影響で、鈴木は生長の家の教えに小学五年生のころから親しんだ。教団の子ども会に行くと、天皇陛下が自らの命と引き換えにしてでも国民を救ってほしいと占領軍に頼みこんだという話を聞かされた。「学校の同級生が誰も知らない話を知っていると思うと、子ども心にもうれしかった」と振り返る。

鈴木は、教団を離れて何十年もたつというのに、今なお、折にふれて四〇巻もある教典

『生命の実相』を読み返すほど。生き方の背骨ともいうべき存在らしい。

あるとき、一緒に街を歩いていて、「谷口先生の教えが広まっていれば、日本はもっと清らかな国になっていたはずなんですがねえ」という鈴木のつぶやきを聞いたことがあった。いまや右側世界を離れリベラルな発言が多い鈴木だけに、本心は変わっていないのか、実際のところ何を信じているのか、正直、今もよく分からないでいる。

そんな鈴木に連れられ、訪れた先の一つが「生長の家学生道場」跡だった。東京・乃木坂にあったが、建物はすでにない。鈴木によれば、早大進学時、母に勧められるまま入寮した。福島県郡山市に生まれ、税務署勤めの父親の転勤にともない東北各地を転々として育った。寮に入る時は、「宮城県とか、秋田県とかがもっている県人寮のようなものなら安心だろう」と、深く考えもしなかったという。

ところが県人寮とはまるで違っていた。

信徒の子弟ばかり約三〇人を集めた修行の場だった。早朝四時五〇分起床。一時間正座してお祈り。国旗掲揚、国歌斉唱、体操、元軍人の先生の講話。夜はお祈り、勉強会。僧兵のような生活だった。

同期入寮の一二人中一〇人近くが退寮していった。ようやく大学で自由を手に入れたのに、こんな生活は嫌だと思った。が、結局は寮に残った。鈴木が通ったキリスト教系の高校では、教師による強制に反発したが、生長の家学生寮には勉強熱心な先輩も多く、「こっちの強制は少し心地よい」と感じたからだ。

当時、生長の家は大学生や高校生の組織化に力を入れていた。各校に「光明《こうみよう》思想研究会」「日本文化研究会」「日本教育研究会」「精神科学研究会」などのサークルをつくって教団に誘い、「共産主義から日本を守れ」と訴えていた。

その創始者の谷口雅春は巨大新宗教の教祖として、また、反共愛国の闘士として広く知られていた。

「宗教は本来、個人の肉体や精神を治す、正しい生き方を考えるためのものだ。しかし、今は国そのものが危篤だ。日本を守るために宗教者は立ち上がれ」

そう熱弁をふるう谷口らの姿に触れ、鈴木も行動しなければいけないと思ったという。

大学三年のとき、先輩に促されるまま、「学費値上げ反対運動」を批判するビラを配った。左翼学生らに囲まれ、「人民の敵」「権力のイヌ」と罵《ののし》られ、何度も殴られた。闘志に火がついた。その心象風景は、長崎大の椛島、安東が左翼との衝突のなかで「全学連打倒」を誓った場面と重なりあう。

一九六六年三月、反左翼連絡協議会をつくる話が持ち上がり、鈴木は早稲田大学学生連盟を結成、議長に就任した。二カ月後、生学連が誕生すると、書記長に選ばれた。六九年には、「民族派全学連」の前段階として結成された全国学協の初代委員長に就任した。書記長は安東。東西の雄を委員長、書記長にすえる執行部がスタートした。

†全国学協、委員長解任

一九六九年五月四日、東京の九段会館。生学連を中心とした全国学協結成大会には、学生約一八〇〇人が集まった。

『〝憂国〟の論理』（日本教文社）によると、基調講演は評論家、福田恆存《つねあり》。「私は全共闘よりも大学教授に反感を持っています。六〇年安保闘争のとき全学連が「岸殺せ」のシュプレヒコールを繰り返していた。それを激励しないまでも黙認していたのが今日の大学教授です。大内力《つとむ》、坂本義和、そういう人は盛んに全学連をけしかけたのです。だから、国会で良いなら、自分の大学内で暴れ廻るのはなお良いだろうと考えるのは当然であります」などと述べ、会場いっぱいの聴衆を引きつけた。続く文明批評家の京大教授、会田雄次《あいだゆうじ》は、「民族と文化の対立」との演題で講演。保守派の大物論客二人を招き、全国学協は華々しいスタートをきったように見えた。

ところが、左翼学生運動の退潮が、民族派にも影を落とし始めていた。同じ年の一月、東大安田講堂を占拠する左翼学生を八〇〇〇人の機動隊員が排除し、左翼は勢いを削《そ》がれた。「巨大な敵」が弱体化すると、ふしぎなことに民族派も力を失っていった。

学園が平和になったのだから、闘いはもういい、学生は勉強が一番だ——。学園正常化運動にくみしていた一般学生らは去り、組織の求心力は急速に失われていった。

そんなときだ。発足直後の全国学協でトップが引きずり降ろされる事件が起きた。生学連書記長として全国を飛び回り、生長の家には珍しい「武闘派」として民族派学生の間で一目置かれていた鈴木邦男が、全国学協を一カ月で追われたのだ。

委員長解任。民族派団体間の覇権争いも微妙に絡んでいた。全国学協と並ぶ二大勢力の「日本学生同盟」(日学同、一九六六年結成)は早稲田大が拠点校。同じキャンパスで同志的なつきあいをしてきた鈴木は、日学同に融和的と一部から見られており、それが「委員長が指導力を欠くから組織が伸びない」「日学同との闘いを放棄している」との批判を招いていた。外部に闘う敵がなくなると、内部に敵を求めるようになる、典型的な内ゲバだった。

「両雄並び立たず、だったのではないか」

後に鈴木と新右翼団体「一水会」を結成する犬塚博英《いぬつかひろひで》(六八)=現・民族革新会議議長=は、「鈴木委員長・安東巌書記長」の執行部体制について、そう回想する。そして、こう続けた。

「安東の完全・潔癖主義からすれば、鈴木は神輿《みこし》にかつぐには見栄えがいいが、脇が甘く、冗談を乱発するなど、お遊びムードが抜けきれない雰囲気があった。安東の徹底した完全潔癖主義の前には、鈴木の脇の甘さをつくのは赤子の手をひねるようなものだったろう」

付け加えるなら、安東が先述の『生学連新聞』で全国組織の結成について、「予想より遅れはしたが、このプログラム通り進行し、僕等は確実に全国学協を手中にしたのである」と回想しているように、安東・椛島にとって全国学協は自分たちの運動の成果物であって、異論があるなら、どうぞ出ていってもらってけっこうという認識だったのではないか。同紙には長崎大学での闘争を称揚した記事が数多く掲載され、闘争を実体験として語れる安東・椛島は運動のスーパースターだったのである。

†「政治の季節」の終焉

しかし、委員長の首をすげ替えたところで、組織の状況が好転するわけではなかった。日学同との間で生じた主導権争いは日に日に激化し、安東らが思い描いた民族派全学連結成の構想は暗礁に乗り上げてしまう。

「全学連は左翼学生運動の総称であり、民族派が全学連を名乗ること自体が自己矛盾である」。そう批判する日学同のデモ隊が、東京・原宿にあった「生長の家」創始者の谷口雅春宅を取り囲む――。そんな情報がもたらされ、驚いた教団本部が、仲裁に入った政治団体「新日本協議会」と協議した結果、学生の意向をまったく無視した大人の決着が図られた。民族派全学連の計画そのものが、鶴の一声で雲散霧消してしまったのである。

犬塚は安東、椛島と同じ長崎大生だった。生長の家信徒ではなかったが、行動力が認められて上京、民族派全学連の委員長に内定していた。「ある意味では左翼や全共闘より、当面の敵は日学同に見えてくるのだから、人間の思いは複雑だと思った」

一九七〇年六月二三日。日米安全保障条約は自動延長された。その日、犬塚は新左翼「革マル派」のデモの隊列にいた。知り合いから革マル派のデモが渋谷であると聞いて、「そのとき」の現場を見たい気がしたのだ。「ああ、安保が終わったんだなあ」。肩から力が抜けていくのが分かった。

若者たちの「政治の季節」は終わった。犬塚はそのころ全国学協書記長になり、組織を追われた鈴木は少し前に実家のある仙台から東京に戻り、産経新聞社販売局で働き始めていた。

†「何も見えていなかった」

活動家から退き、評論家として活躍する鈴木のもとには最近、日本会議関連の取材が数多く舞い込む。

「「恨みがあるんじゃないですか」ってよく質問されるんですけれど、本心から解任されてよかった。外の世界を見ることができてよかった」と言う。「確かにその時は、追放されて運動ができなくなる。自分の居場所がなくなると途方に暮れた。でも、おかげで大海を泳げた。自由にモノを考えられた」

かつては、強制してでも愛国心教育をすべきだと思っていた。だが、「自分こそ愛国者だ」と言っている人の中には下らない人もいるし、「愛国心なんか必要ない」と主張する人の中にも立派な人はいる。「多様な人と付き合い、客観的に考えられるようになった」と、すがすがしい表情だ。

憲法についても、活動家のころは前文が日本語になっていない、九条に問題ありと、改憲を本気で訴えていた。今は、そうした改憲によって生じる反動のほうが、むしろ怖い気がする。占領軍は自国でできないことを実現しようと、情熱をもって日本国憲法をつくった。「その情熱が、いま改憲しようという人に果たしてあるのかな」。占領軍がつくった、日本人のものじゃないと批判をするが、ただ昔に戻りたいという理由ならば、改正する必要はないと鈴木は思うようになった。

二〇一六年夏に訪ねた長崎では、生長の家総本山（長崎県西海市《さいかい》）にある谷口雅春の墓前で、自らの近況を報告した後、長崎市内の長崎大学にも足を延ばし、観光名所の出島や端島《はしま》（軍艦島）、平和公園や浦上天主堂にも行った。何度訪ねたかしれない長崎なのに、史跡を訪れたことはなかった。あのときは学生運動がすべて。「何も見えていなかったんですね」

今なお息づく右派の系譜

今も長崎大には、椛島らのスピリットを引き継ぐ若者たちが、日青協の門を叩き、その流れは途絶えることがないようだ。その窓口となっているのが、かつて北村がいた「長崎大学日本教育研究会」という学生サークルだ。プロローグで触れた長崎日の丸会が長崎市で開いている建国記念の日式典には、しばしば長崎大教育学部の学生が若者代表として登場し、憲法改正の必要性や日本の誇りを取り戻すことの重要性を訴えたりしてきた。

月刊誌『正論』二〇一二年九月号に、全日本学生文化会議事務局、三荻祥《みつおぎさき》による論考「大学をリーダー育成の場に変革せよ」が載った。三荻は一九八四年生まれ。長崎大学教育学部卒。二〇一〇年の第二六回土光杯全日本青年弁論大会では皇室への深い敬愛を語り、最優秀の土光杯に輝いた。ホテルチェーンのアパグループの「真の近現代史観」懸賞論文で入選したこともあるという。

日本会議系の出版社から出ている『天皇陛下がわが町に』（明成社）という本にも、長崎大学の学生たちが取材者として参加している。この書は、日青協関連組織の全日本学生文化会議の編集によるものだ。二〇一六年の天皇皇后両陛下によるフィリピンご訪問では、長崎大学出身の清川信彦が「フィリピン学生慰霊奉迎団」として現地入りし、地元大学で日本語を学ぶ学生らとともに両陛下をお迎えした様子が、機関誌『祖国と青年』（二〇一六年三月号）に載った。

右派の系譜は長崎大の中に脈々と続いている。

第二章

転機——三島事件の衝撃と脱教祖

†一九七〇年、日青協結成

椛島らの呼びかけの下、約五〇人の同志が結集し、民族派社会人組織・日青協が、神武天皇を祀る橿原《かしはら》神宮（奈良県橿原市）で結成されたのは、一九七〇年のこと。その日はちょうど戦前の明治節（明治天皇の誕生日）にあたる一一月三日だった。この団体がのちに日本会議の事務総局へと発展する。結成に加わった元メンバーは語る。「革命の危機は去ったが、戦後日本の歪《ひず》みをただすためには運動の継続が必要と考えた」

六〇年安保では国会周辺にデモ隊が押しかけ、「防共革命」を謳《うた》った右翼によるクーデター未遂「三無事件」が誘発されたほど、政府転覆の危機が真剣に論じられもしたが、七〇年安保闘争は東大安田講堂陥落の六九年一月で事実上終結した。それでも、憲法や教育基本法など、連合軍の日本弱体化政策を放置する限り、日本精神は混乱の度を増すばかりである、正さねばならぬと椛島らは考えたのである。

日青協結成の中心となったのは、第一回全九州ゼミナール（実行委員長・椛島）の参加者たちだった。一九六九年三月に長崎・雲仙で開かれ、講師として招かれた国民文化研究会（国文研）の主宰者、小田村寅二郎らが、「われら、いかにしてキャンパス防衛をはかるか――大学の自治・学生の自治をめぐって――」というテーマの下、講義をしたと記録にある。

小田村は亜細亜大教授（日本思想史）を務めた人物。国文研は一九五六年、毎夏の合宿教室などを通じ、戦後教育で忘れ去られた日本のよき伝統文化や尊い歴史を若い人々に伝えていくことを目的に発足した。東京、福岡に拠点をおき、文芸評論家の小林秀雄や福田恆存、竹山道雄らが協力した。育鵬《いくほう》社版教科書を主導する日本教育再生機構理事長の八木秀次（五五）ら若手研究者・活動家で小田村門下に連なる人物は少なくない。

一九九九年に小田村が亡くなったときの椛島らの追悼文によると、長崎大で自治会選挙を勝ち続けるのはとても難しいと判断した安東・椛島らは、テコ入れのために学内での講演会を企画。小田村に依頼すると快諾し、当日は講堂に約一〇〇〇人が集まった。左翼のヤジや怒号がとびかう中、小田村はひるむことなく、全学連運動の不当性を論じたという。

椛島は国文研の合宿教室に六回参加、小田村は全九州ゼミに四回出講している。両者の交流の深さが知れるが、小田村は「日本を守る会」「元号法制化実現国民会議」「日本を守る国民会議」「日本会議」のすべてで代表委員を務めた保守の重鎮。日青協を陰に陽に支え、思想的に影響を与えた重要人物ゆえ、日青協の中では生長の家創始者の谷口雅春、後ほど詳述する『神社新報』主筆、葦津《あしづ》珍彦《うずひこ》（一九〇九―九二）らと並び、「四先生」として尊敬を集め続けているという。

†三島由紀夫の自決

いまや民族派の間で「神」となった作家、三島由紀夫（一九二五―七〇）も、四先生と崇められる一人だ。

橿原神宮での日青協結成から二十日あまり。民族派の運動を質的に変えてしまう出来事が起きた。三島が「楯《たて》の会」の四人とともに東京・市谷の陸上自衛隊東部方面総監部に押し入り、自衛隊に決起を促した三島事件である。

事件は一九七〇年一一月二五日に発生。元日学同中央委員の森田必勝《まさかつ》ら楯の会メンバーを従えた三島は益田兼利《かねとし》総監を椅子に縛ったうえ、総監室に監禁。自衛隊員に檄文をまき、バルコニーで約八分間演説。その後、森田とともに割腹自殺した。諸説あるが、自衛隊の治安出動を期待しながら、七〇年安保闘争は警察力に鎮圧され、その機会が訪れなかったことに三島は落胆、事件の引き金をひいたと見られている。

衝撃は大きく、首相、佐藤栄作はその日の日記にこう書き記した。

「商工会全国大会に出席した時分、丁度十一時半頃警視庁からの連絡で、市ケ谷自衛隊総監本部に暴漢乱入、自衛官陸佐等負傷の報あり。一時間後には、この連中は楯の会長三島由紀夫その他ときいて驚くのみ。気が狂ったとしか考へられぬ。詳報をうけて愈々《いよいよ》判らぬ事ばかり。三島は割腹、介錯《かいしゃく》人が首をはねる。立派な死に方だが、場所と方法は許されぬ。惜しい人だが、乱暴は何といっても許されぬ」（『佐藤榮作日記』朝日新聞社）

防衛庁長官、中曽根康弘（九八）は事件当日の会見で、「防衛庁としては、自衛隊の場所でこのような事件が起きたこと自体、まことに迷惑だと思っている。自衛隊は今度の事件でいささかの影響も受けない」「自衛隊への「体験入隊」では、自衛隊を一般市民に開放するという意味で奨励してきた。しかし、思想的にアブノーマルな人たちに利用されるのはまずいので、今後検討したい」

毎日新聞記者出身で愛媛大教授などを務めた堀幸雄の『最新 右翼辞典』（柏書房）によると、楯の会は一九六八年九月に三島が創設した民間防衛組織で、全員で八七人からなり、七班編成、軍服をまねた派手な制服を着用し、三島のつくった「玩具の軍隊」と言われたりもした。民族派学生の間では楯の会に走る者を「ミーハーだ」とわらい、楯の会の取り組みを「大作家のお遊び」と見るむ

1970年11月25日、陸上自衛隊市ヶ谷駐屯地のバルコニーで演説する三島由紀夫（提供：朝日新聞社）

きも少なかった、と鈴木邦男らは証言する。

ところが、三島事件によって評価は一転する。ほとんどの右翼は事件を賛美し、佐藤や中曽根ら為政者に批判の矢がむいた。

堀は『戦後の右翼勢力』（勁草書房）で、「義挙により日本国民の目が醒まされ、日本維新運動の突破口がひらかれたように思われる」（佐郷屋《さごうや》嘉昭《よしあき》＝浜口雄幸襲撃）、「憂国の至情は民族の正気そのものであり、三島氏の精神を正しく受けつぎ、生かすことが、霊に報い祖国を盤石の安きにおく所以《ゆえん》である」（淺沼《あさぬま》美知雄＝防共新聞主幹）といった右翼の反応を引き、「おそらく彼らができなかったことを成し遂げた三島に対する羨望であったろう」と結んでいる。

このとき、民族派を自称していた椛島らはどう受け止めたのだろう。

†三島事件がもたらしたもの

二〇一〇年一一月二一日、東京・九段の靖国会館。

自決した三島、森田必勝の「義挙四十年記念講演会」で、日本会議事務総長で日本協議会会長の椛島が講演した。演題は「「楯の会」に学ぶ」。

「義挙・自決によって「ああ、これが国のために命を捧げることなのか」と、観念の世界から具体的に全身で受けとめる実感を持たせていただいた」「結成直後の義挙・自決でございましたので、日本青年協議会に魂を入れていただいたというのが、当時の私たちの率直な思いでございました」（『祖国と青年』二〇一一年二月号）

三島とともに自決した森田は享年二五。民族派学生運動の二大組織の一つ日本学生同盟（日学同）で活動し、その後、楯の会にうつり、学生長だった。

同世代の命がけの決起。七〇年安保闘争終結後の「停滞期」にあった民族派全体が息を吹き返した。

旧内閣調査室（現内閣情報調査室）の『調査月報』（一九七二年四月刊）は、「右翼・民族派運動の現状について――昭和四十六年を中心として――」という表題の、興味深い論考を掲載している。

その冒頭で「右翼」の定義にふれた後、「一九五八年ころから「民族派」という言葉が使われ始めた。これは「日本民族精神」を標榜する学生団体が「単なる反共団体でもなく、ましてや右翼ではない」としたことによる。そして、「右翼」の言葉の中に暴力的、ヤクザ的傾向のあることを忌みきらい、右翼の中にも「民族派」の呼称を使う傾向が最近強くみられている」と指摘。

さらに、民族派学生団体の動向について、「民族派学生団体は七一年末には九〇団体、約一万三〇〇〇人と戦後最高となった。長期展望は「学園正常化」「反全学連」から「日本の真の独立」を目指す「ヤルタ・ポツダム（YP）体制打破」を重点に指向している」とし、続けて、「憲法改正、北方領土、核防条約、靖国神社、日中などの諸問題をめぐり活発に活動。違法事件も敢行するなど、質的に大きな変化を遂げた。「三島事件」がこれに拍車をかける役割を果たしてきている」と分析している。

ここでいうYP体制とは、国境策定や日本民主化など、日本をめぐる戦後処理政策がヤルタ協定とポツダム宣言で決まったことに由来する新右翼用語。既成右翼はYP体制、つまり親米・対米従属を肯定しているのに対し、それとは一線を画し、YP体制打倒こそ運動の原点であると主張。反占領憲法、対米自立、自主防衛をめざす考え方がこの時代に広がった。

左翼の退潮を受け、大学の授業も再開された。そこに起きた三島事件。民族運動の大方針から「学園正常化」「反全学連」が消えて、「YP体制（戦後世界秩序）打破」や「真の日本独立」がめざすべき目標になった。民族派にとって、三島や森田の生命を賭しての訴えは、使命感と焦燥感をかき立てる大テーマとなった。

事件の初公判前、日青協や全国学協、生学連は「義挙正当裁判要求闘争実行委員会」を結成し、「裁判は刑事事件ではなく、思想事件として裁かれるべきだ」との署名活動を展開した。前出の犬塚博英はこのとき、全国学協書記長として現場を仕切り、裁判をテコにした自主憲法制定の世論喚起を強く願った。

初公判の傍聴券を求めて並んだのは四〇八人。「三島・森田の血の叫びを占領憲法打倒の突破口に」を合言葉に、全国学協などの闘争委員会は約一八〇人を動員。約二〇人が傍聴席を引き当てている。後述するが、生き残った楯の会の被告三人のうち二人は生学連・全国学協の幹部で、生長の家の熱心な信徒だった。

†谷口雅春と三島由紀夫

「谷口雅春師の著書『生命の実相』は私の幼時、つねに病める祖母の枕頭《ちんとう》に並んでいた。燦然たる光明の下に生命の芽の芽生えるその象徴的デザインは、幼ない私の脳裡に刻まれていた」

生長の家創始者である谷口雅春の著書『占領憲法下の日本』（日本教文社、一九六九年）は、三島の序文「本書に寄せる」のこんな一文で始まる。幼い日の思い出だ。

「それから四十年、俄《にわ》かに身辺に、谷口師に私淑している人たちを見出すようになったのである。つい先頃も、「生長の家」の信仰を抱く二三の学生が、私の自衛隊体験入隊の群に加わったので、親しく接する機会を得た。かれらは皆、明るく、真摯で、正直で、人柄がよく、しかも闘志にみちみちた、現代稀にみる好青年ばかりであった」

占領憲法破棄・明治憲法復元、天皇中心の国家を説いた谷口。同じような国家観をもつ三島だったが、二人は面識がなかったという。自ら組織した楯の会で生長の家の青年たちに出会い、その人間性や憂国の情にふれて、彼らの師・谷口に対し尊崇にも似た思いを抱いたようだ。

三島は序文で、青年たちについて、続けてこう述べる。

「「もし日本に共産革命が起きたら、君らはどうする?」という私の問に、「そのときは僕らは生きていません」という、最もいさぎよい、もっともさわやかな言葉が帰ってきた。これだけの覚悟を持ち、しかもこういう明るさを持った青年たちはどうして生れたのだろうか、と私は愕《おどろ》いた」

「現代の汚れた常識人は、そんな青年は物語の中にしかいる筈《はず》がないと笑うであろう。又、敗戦後に生れた現代青年が、無視し、あるいは避けてとおる天皇の問題についても、この人たちは、素直な、実に自然な受容の態度を示していた。天皇は日本民族の存立と自立の自明の前提として理解されていた」

そして、感嘆の思いを綴る。

「こんな青年がどうして生れたのだろう? かれらは谷口雅春師に対する絶対の随順と尊

崇を抱いていた。私はどうしても、師のおどろくべき影響力と感化力、世代の差をのりこえた思想と精神の力を認めざるをえなかった」

事件後に明らかになったことだが、谷口の著作『愛国は生と死を超えて』（日本教文社）によると、自決の三日前、三島は谷口に会いたいと言って教団本部に電話をかけてきたという。ところが、その日は教団の秋季大祭や、夫妻の金婚式祝いがあったため、電話口に出た者が会う時間がない由を告げて取り次がなかったという。

三島の逡巡はその夜遅くまで続き、「今からでも谷口邸へ直接出かけて行ったら面会できるかもしれない。失礼だが押しかけて行こうか」とか、「もうお休みになっているだろうし、面識がいままでにないから、やはり面会を断られるだろう」とか、青年たちといろいろと話し合ったといい、遠慮してついに訪問してこなかったと、谷口は残念がる。

その夜、三島と行動をともにしていたのが、三島事件にも同行し、監禁致傷や嘱託殺人などの疑いで逮捕された古賀浩靖《ひろやす》と小賀正義の二人。彼らはともに神奈川大四年で、生長の家の熱心な信徒だった。

三島は小賀に命令書を残した。『三島由紀夫全集』（新潮社）に収められている。

「君の任務は同志古賀浩靖君とともに人質を護送し、これを安全に引き渡したるのち、いさぎよく縛《ばく》に就き、楯の会の精神を堂々と法廷において陳述することである」

「三島はともあれ森田の精神を後世に向かって恢弘《かいこう》（広めること）せよ。（中略）むしろ死は易く生は難い。敢えて命じて君を難苦の生に残すは予としても忍び難いが、今や楯の会の精神が正しく伝わるか否かは君らの双肩にある」

「決して挫けることなく、初一念を貫いて、皇国日本の再建に邁進せよ」

†「現行憲法を破棄せよ」

東京地裁での初公判は一九七一年三月二三日。機関誌『祖国と青年』（一九七六年五月刊）に裁判の描写がある。

初めに陳述したのは小賀。「「今日ことばがその価値を失い不毛なことばが氾濫《はんらん》している。このような状況の中では生命をかけた行動のみが価値をもち、真実のものとなると思った」—と述べ、続けて、その原因となっている占領憲法の無効性を論じた」

「改正の困難な現在の議会制度下にあっては自衛隊の治安出動が改正の唯一の機会であったが、それも失われた。自衛隊に期待できないとすれば最早《もはや》自分が憲法に体当りするしかない、「犬死《いぬじに》」かも知れぬが、三島先生も「今は犬死が最も必要なのだ」と言われた—と裁判長を前に堂々と論じた」

最後に陳述したのは古賀。「現在の憲法は占領軍の圧力下に制定されたもので、その制定手続きに重大かつ明白な瑕疵《かし》が存し無効である。帝国憲法第七五条は、憲法は摂政を置くの間之《これ》を変更できないと定めているが、当時は摂政を置いた時以上の異常時であり、憲法改正は不可能であった」

「現行憲法では天皇の地位は曖昧とされているが、我が国は天皇を中心とする国家であり、それが歴史的にも正しい国体の姿である。故《ゆえ》に日本の歴史、文化、伝統を護り、天皇の地位を本来の姿に戻すためには現行憲法を無効としなければならない」

まさに、彼らの訴えは「日本国憲法は占領憲法にすぎず、無効を宣言し破棄すべし。潜在的に有効な明治憲法に復元した後、条文によっては改正すべきだ」とした谷口の持論そのもので、民族派は、裁判を通じて憲法論議が進むことを期待した。しかし、論議は高まらない。事件を非難した佐藤栄作を証人に呼ぶこともかなわず、初公判から約一年後の一九七二年四月、被告全員に懲役四年の実刑判決が言い渡された。

「三島さんほどの人が体当たりしても、憲法は変えられないのか」

支援者の間に失望感が広がった。運動はその後、四分五裂し、椛島らが指導する全国学協も一九七三年秋に分裂。生学連を中心としたグループは「反憲法学生委員会全国連合(反憲学連)」を七四年三月に結成、日青協の傘下団体として活動することになった。その議長、宮崎正治はのちに「新しい歴史教科書をつくる会」事務局長に就任。ところが、西尾幹二（八一）、藤岡信勝（七三）と対立し、八木秀次らと育鵬社版の教科書を主導する日本教育再生機構を結成することになる。

「三島事件」の裁判を通じて、民族派は憲法改正の議論を盛り上げようと努めた。

生長の家創始者の谷口雅春も「占領憲法破棄・明治憲法復元」を訴えた。「占領行政臨時措置法」に過ぎない現憲法の無効と破棄を宣言し、明治憲法に戻した後、現代にあう改正を加える――。谷口はそう主張し、信徒も訴えた。

生学連は一九六〇年代後半、「帝国憲法復元全国縦断行進」と銘打った運動に取り組んでいる。六九年の場合、札幌―長崎の主要都市をまわり、街頭演説を展開。そうしたなかで、七月三一日には、京都新聞会館ホールで他の民族派学生団体とともに「全国学生憲法会議」を結成した。

趣意書にはこうある。「我々は正統な帝国憲法の復元を勝ちとるまでは断固として徹底的に闘う。ゆえに、我々は全国の民族派の学生をここに結集して全国学生憲法会議を結成し、現行占領憲法の無効を宣言し、わが民族が真に奉戴すべき帝国憲法の復元、改正を全国民に訴える。その時が戦後初めて祖国への愛と認識への出発だからである」

†「大日本帝国憲法復元決議」

その翌日、谷口の思想を色濃く反映した「大日本帝国憲法復元決議」が、岡山県北東部の山村、奈義《なぎ》町議会で可決された。同町は中国・四国地方で最大の演習場（東西六キロ、南北五キロ）である陸上自衛隊日本原《にほんばら》駐屯地が広がる山村で、戦後、引き揚げ者らが入植、開墾した地としても知られる。

議会に残る提案理由によると、「一九五二年の独立回復時、大日本帝国憲法を卸し復活すべきものを、二四年間放置し今日に至ったがために、大学騒動をはじめ、今や国内は収拾しがたい無法状態になった。木に竹を接いだような国体が出現し、個人の権利のみ優先し、国権の衰退は眼を覆うものがある」とし、道義国家再建には帝国憲法復元以外に方策はないと主張。

提案理由では、議決後ただちに首相と衆参議長、県知事、県議会議長らに決議文を発送し、全国的に決議運動を盛り上げることで、明年（一九七〇年）に迫る日米安保改定前の明治憲法復元を求めていた。

議事録をめくると、「国会において三分の二確保が先決であり、決議によって町内の混乱を招くような行動にでないほうがよい」「憲法についての研究会、勉強会をもってほしい。いま一度、提案者にこの件を諮ってほしい」「全部復元は不可能。多数決によって押し切ることは考えられない。国会においても審議される問題である」といった慎重な意見もあった。

だが、議事は進み、無記名投票の結果は賛成一〇、反対七。採択されたのである。

当時、町職員で後に町長を務めた中井孝夫（八二）は「右翼的な住民が説いて回って、決議までいった。週刊誌が報じると町は大騒ぎになった」「決議をもって県庁に行くと、「なんてことした」といった反応。東京にも行ったけれど、相手にされなかったなあ」と振り返る。

当時の町議会議長も、『週刊文春』（一九六九年一一月一〇日号）の取材に「あんときはもっと慎重にやればよかったんですがなア」「投票はしても、あるいは否決になるかもしらん、とも思うたもんですからな」と後悔の念を語っている。一方、決議の中心になった人物は意気軒昂だったようだ。「キミは、生長の家の谷口雅春総裁の意見を知っとるかッ。ワシは百姓じゃから憲法を詳しく知らんが、だいたい谷口総裁の明治憲法復元論に賛成しとるんじゃ」。取材者にそうまくし立てたという。

岡山は黒住教、金光教《こんこう》が開かれた地であり、生長の家は後発組ながら教勢が強かった。奈義町議会の決議にも、生長の家岡山県教化部（岡山市）がその学習会などに関わっていたし、一九七一年一一月には谷口本人が参加して「正統憲法復元改正全国大会」が岡山市の武道館で開かれている。

決議を主導した住民らの運動史誌によると、大会には約三〇〇〇人が出席。「速やかに亡国憲法の無効を宣言し、帝国憲法の復元改正を実現」しようと訴えた。日の丸や桃太郎旗、憲法復元のプラカードを押し立て、県庁前から岡山駅前までデモ行進したという。

岡山県津山市が地盤の元経産相、平沼赳夫《たけお》（七七）＝日本会議国会議員懇談会会長＝も、谷口の思想の影響を強く受けた人物だ。元朝日新聞編集委員、早野透の著作『政治家の本棚』（朝日新聞社）に興味深いインタビューが載っている。

「占領軍の強権下での憲法改正は一回無効宣言をすべきだ、瞬間的でも帝国憲法に復原《ママ》して、そして現状に合った憲法を日本民族みずからの手でつくるのが筋じゃないか。私はそう思うんです。私の思想になったのは、やっぱり谷口雅春先生を読んでです」

平沼が谷口の思想にふれたのはサラリーマン時代だという。父親の赴任地の三重県四日市市で、父親の部下から教典『生命の実相』を薦められ、読んで夢中になった。政治家としての座右の一冊として、革表紙の同書を車に積んでいるほどだと語っている。

とはいえ、全国的にみれば「明治憲法復元運動」は大きな潮流にならなかった。

教団が設立に大きく関わった「自主憲法制定国民会議」という団体がある。元首相の岸信介《のぶすけ》が長く会長を務めた改憲団体の老舗だ。

『生長の家四十年史』によると、国民会議の結成を決議した一九六九年の国民大会には、東京の日本武道館に約一万八〇〇〇人が集まった。うち一万二〇〇〇人を教団が動員したという。

†谷口雅春の憲法論と岸信介

二〇一六年の憲法記念日、東京・新宿の公共施設で開催された同団体（「新しい憲法をつくる国民会議」の名称を併用）の改憲集会に赴くと、主催者発表で四〇〇人とうたっているものの、実際には二〇〇人ほどだろうか、発表よりかなり少なく見えた。ステージ上には国会議員数人と、旧統一教会の関連政治団体、国際勝共連合幹部の顔が見えた。

同じ時刻、日本会議が主導する「美しい日本の憲法をつくる国民の会」などが催した改憲集会が東京・永田町で行われ、約一二〇〇人（主催者発表）を集めたのと比べると、その差は歴然としている。なぜ、これほどの差が生じたのか。

ホール外で、自主憲法制定国民会議の現会長、清原淳平（八五）に、「同じ改憲団体なのになぜ一緒にやらないのか」と尋ねると、「あちらはあちら。ともに、改憲の機運を盛り上げることができれば、それでいいじゃないですか」とはぐらかされた。

後日、清原の事務所を訪ねると、清原の著作『岸信介元総理の志　憲法改正』（善本社）を手渡された。読み進めていくと、一九七〇年代末、新事務局長に就任したばかりの清原が、大会参加者の激減について、岸に問うた場面の描写があるではないか。

そこには谷口雅春とおぼしき人物も登場する。

「岸先生、一〇年近く前、武道館で一万人の国民大会をされたとの記事を読んだ記憶があります。近年は二〇〇〇人ほどとのこと。どういうわけなのでしょうか」

岸の返答は生々しい。

「七二年ごろ、国民大会に最も動員している団体の長と会談した。その時、「自分は現行憲法無効・明治憲法復元を信念としているが、これまで岸先生からそうしたご発言はない。次はぜひ明言していただきたい」と言われた」

岸は続けた。

「私は「日本が独立して一〇年ぐらいの間ならばそれは可能だが、二〇年以上たった現在ではそれはできませんよ」と答えた。理由を問うので、「現憲法無効・明治憲法復元となると、二〇年間に執行された政治判断、各種法律政令、裁判の結果は、その元の憲法が無効になるのだから再審請求を起こされてもやむをえない。社会は大混乱になるよ」と」

「「独立直後ならともかく、今になってそれをやれば、それは合法的改憲ではなく、革命となってしまう。そうなると、国民は果たしてついてくるかね」と答えたんだよ」と清原に話したという。

そのとき岸は、その大手団体の長が了解してくれたと思ったが、それからその団体は参加しなくなり、同調する団体も多くあって、参加者が激減したという。

つまり、岸は政治家として、現憲法の手続きにのっとった改憲を訴え、谷口の主張は現実的ではないと考えた。しかし、明治憲法復元への筋道を語る大教団の教祖、谷口の信念は終生揺るがなかった。二人の見解が平行線を辿ったのも当然かもしれない。

谷口のこの憲法論は、教団出身者が多かった日青協を揺るがす大テーマへと発展することになる。憲法改正という言葉自体、現憲法を有効と認めるものであり、憲法擁護を主張するよりもっと悪いことだと教えられていた。だが、果たしてそれは現実的な考え方なのか、という自問自答が湧き起こった。やがてそれが、一九七〇年代の、運動の大転換へとつながっていくのである。

†日青協の「自己批判」

憲法記念日の一九七六年五月三日、東京・永田町の自民党本部ビル八階から、長さ約二〇メートルの垂れ幕が投げ下ろされた。「5・3政府主催憲法記念式典を糾弾する」と大書されていた。「糾弾」の二文字は朱色で書かれていた。

その日、三木内閣は二四年ぶりとなる政府主催の憲法記念式典を憲政記念館で開催。日青協のメンバーら約一五〇〇人が、抗議のため党本部に詰めかけた。八階大ホールでは、日青協委員長の椛島が開会のあいさつで、「かつて三島由紀夫氏は、自民党が護憲政党に化してしまったことを嘆かれた。あれから六年。三島氏の憂えた自民党の危機はますます深まり、今においては完全に立党の精神を失い腐敗の極地に達していることを吾々《われわれ》は認識しなければならない」と訴えた。

会場には熱気があふれ、座席に座りきれなかった民族派の活動家たちが、ステージ上で膝を抱えながら見守る姿も見られた。タカ派の政策集団「青嵐会」の玉置《たまき》和郎《かずお》、中尾栄一、中川一郎と、海軍参謀だった源田実、生政連会長の田中忠雄らが次々と登壇。「自民党は今こそ改憲の党是を実行せよ」と政府式典を糾弾し、場内には万雷の拍手が沸き起こり、参加者による「三木内閣糾弾」「占領憲法解体」「政府式典糾弾」のシュプレヒコールが繰り返されたという。

ところが——。抗議集会の様子を伝える機関誌『祖国と青年』（一九七六年七月刊）の特集

日本青年協議会による「憲法記念式典糾弾」の垂れ幕。1976年5月3日、東京・永田町の自民党本部（提供：朝日新聞社）

で、「糾弾」の二文字はあまた躍っているのに、「生長の家」創始者、谷口雅春の信念である「占領憲法破棄・明治憲法復元」はまったく見当たらない。

それどころか、特集の中の憲法座談会で、『神社新報』編集長の西田廣義に教えを請う形で、日青協の面々が「自己批判」しているではないか。

編集部「戦後の改憲運動は現憲法解体だとか、あるいは占領憲法打倒だとか、非常に勇ましいことを言ってきたが、情況に適合した新たな改憲運動を創出して行かないと、改憲勢力は今後永久に葦津《あしづ》珍彦《うずひこ》さんが言われるような「力学無視の悲歌《ひか》慷慨《こうがい》」で終らざるをえない」

西田「例えばヒトラーですが、政権奪取の運動をしている時は、現憲法体制擁護だと言って、運動を展開していた。そして政権をとった後、憲法を変えたり、体制変革したりした。つまり、彼らはこれから政権をとろうとする時には、現憲法体制の基本を崩すような勇ましいスローガンなり構想なりを出したわけではない。そんなことを言ったのでは大衆をつかむことなど、できるはずがなかったわけです」

編集部「ということは、従来までの、いわゆる占領憲法打倒・占領憲法解体というだけの単調な改憲運動ではダメだということですね」

西田「ええ。国民の大多数に刃向かうといった形の運動では絶対に成功しない。もちろん、国民が受けつけようと受けつけまいと改憲の声は上げ続けなければなりませんが、しかしその間に、裁判所や国会の場でわれわれにとって大切なものがどんどん崩されているわけですよね」

†葦津珍彦と鶴見俊輔

西田が編集長を務めた『神社新報』で論陣を張り、連合国軍総司令部（GHQ）による国家神道解体の指令で打撃を受けた神社界の立て直しに尽力したのが、葦津珍彦だ。右翼の草分けである「玄洋社」を設立した頭山満《とうやまみつる》の最晩年の弟子で、神道界の理論的指導者として確固たる地位を築く一方、鶴見俊輔らリベラル陣営の拠点雑誌『思想の科学』の人々とも交流をもったことで知られる。

『鶴見俊輔コレクション1　思想をつむぐ人たち』（河出文庫）に、鶴見が葦津について書いた「葦津珍彦――日本民族を深く愛した人」という一文がある。

晩年の葦津が、京都の鶴見邸を訪れたときのこと、葦津は「近いうちに死ぬと思うので、あなたに言っておきたいことがある。敗戦と米軍占領をむかえて、これから自分は天皇の弁護人になろうと思った。弁護人の役割を自分で引き受けたからには、被告について不利なことは言わない。だが、天皇のもつ悪い面をしらないということではない。このことを、あなたに言っておきたかった」と話したという。

鶴見によると、葦津をグループにつれてきたのは、『思想の科学』の編集長も務めた哲学者、市井三郎だった。多元主義をうたう『思想の科学』が、天皇制の積極的支持者との対話の機会をもとうとしなかったことを市井は不満に感じ、権力、金力によりかかっていない人を探したところ、その条件を満たしたのが葦津だった。

一八六八年の明治維新から一〇〇年が経とうとする頃、評論家、竹内好《たけうちよしみ》の発案で、民間でできるささやかなお祝いとして明治維新の共同研究を始めた。葦津も加わり、月一の会合は無類の楽しさで、「葦津さんは反対側の批判に耳をかたむける雅量を示し、つつみかくさず自分の意見をのべた。ここでは、天皇制の弁護人としての役割を守るという、公の席上での話し方をとらなかった。彼は、仲間の誰もが信頼できる右翼言論人だった」

葦津の人柄が伝わってくる鶴見の回想だが、天皇制の弁護人としての覚悟を決めた葦津は、神社神道と天皇制擁護では一歩も引かなかった。

†葦津による神社擁護論

東大名誉教授の宗教学者、島薗進（六八）は『国家神道と日本人』（岩波新書）で、葦津の神社神道擁護の理屈を次のようにまとめている。

「葦津にとって、戦前の国家神道とは、行政官僚が神社を支配し、神社は宗教活動が制限された時期の、けっして厚遇されたとはいえない神社神道を指すのだという。神社が神道本来の活動から遠ざけられていた時代のあり方を、あたかも神社界が権力と一体となって跋扈《ばっこ》し、悪《あ》しき国運を招いたかのように描き出すのは妥当ではないと葦津は論じている」

島薗によれば、葦津は国家神道の定義を狭くとらえ、皇室祭祀が大きな影響力を及ぼしたことにはまったくふれない。そこには皇室祭祀・皇室神道を「宗教」「神道」としては捉えないという断固たる意志と戦略が見て取れるという。

「皇室祭祀が「宗教」であるならば、信教の自由を保障された国民の全体に覆いかぶさる公的制度として認められないことなる。だから、葦津の戦略を引き継ぐ神道学者たちは、皇室祭祀はどうしても「宗教」「神道」を超えたものでなくてはならない」と島薗は話す。

宗教でないのなら政教分離原則のしばりは受けないはずだと、そんな理屈で皇室祭祀を守り、国家的神道祭祀の将来的拡充を図ったのだ。島薗は、「ここで重要なことは、皇室祭祀にふれないことが、靖国神社や伊勢神宮の国家的地位を確保しようという展望とつながっていることだ」とも話す。

戦後、宗教学者の村上重良らは「国家神道によって信教の自由が蹂躙《じゅうりん》され、侵略戦争に駆り立てられた」と主張した。葦津は著書『国家神道とは何だったのか』（神社新報社）などでそれに反論。神社もまた宗教活動が制約されていたのであり、「宗教的生命を奪われた神社神道は、国民を戦争に駆り立てるような力はとても持ち得なかった」「尊皇を掲げ神道の信仰を鼓吹したのは、むしろ民間団体だった」と主張、神社界擁護の論陣を張った。

日青協内で四先生の一人に数えられた葦津は、椛島らに大きな影響を与えた。機関誌『祖国と青年』（一九七四年一一月刊）に載った葦津の論考「維新か革命か」も、熱心に読まれたという。葦津が同年七月、生長の家大学生合宿で講演した内容に加筆したものだ。

冒頭で葦津は、教団が現憲法の欠陥を精力的に訴えていることは評価しつつも、そこに付いてまわる非常に厄介でデリケートな問題についての解説が十分でないと指摘、その上で、次のように説いている。

「怪《け》しからぬ憲法だから無効を宣言せよ、廃棄せよ、こう迫って行ったほうが論理的にははっきりしていいと云う人がある。憲法が改正されるまで何もできないという立場のほうがすっきりしていいという。これは青年の議論として、非常に直截《ちよくせつ》簡明であって観念的議論としてははなはだ明快だとも思うが、私は決して同感致しませせぬ」

「たとえ同感したとしても、現実の政治はそんな議論では動かない。実際政治を、そういう議論で放任しておいたら日に日に悪くなるに決まっておる。憲法解釈は反日本的な左翼論のみが無抵抗で横行し、立法では悪法が増え、裁判はいよいよ反日本的判決のみが下り、国民精神は混乱の度を増し、良識的国民の自信と意気を喪失させるだけになってしまう」もう一度記す。講演の場は生長の家大学生合宿である。教団で「占領憲法破棄」とたたき込まれてきた若者たちにとって、どれほどの衝撃だっただろうか。

†日青協の戦略大転換

そのころ、元号に法的裏づけのないことが政治問題化した。昭和天皇は七〇歳代。御代《みよ》がわりと、「元号消滅」が現実味を帯び始めた。

「昭和という元号は、法律上の基礎はなく、慣習として用いられている」。一九七五年三月一八日の衆院内閣委員会で、内閣法制局第一部長の角田《つのだ》礼次郎（九六）＝後の内閣法制局長官、最高裁判事＝がそう答弁し、元号問題は政治課題へと浮上した。

旧皇室典範にあった元号の規定は、戦後、法律の一つとなる際に引き継がれなかった。角田の答弁によると、「陛下に万一のことがあれば、昭和という元号がその瞬間に消え、空白の時代が始まる」。一九六〇年代末から法制化の動きはあったが、喫緊の課題と認識されたのはこの時だ。

日本会議事務総長の椛島は後年、「元号は新帝陛下の御代になっても存続するだろうという認識だった。答弁で強い衝撃を受けた」（『祖国と青年』二〇一一年六月号）と振り返っている。

当時の椛島の念頭にあったのは、革新勢力の次のような主張だった。「元号法制化は日本人民を天皇という存在につなぎ止めるための「思想画一化装置の歯車」を作り出すことになる。人民を一つにまとめ上げ、戦争に駆り立てていった過ちを再び繰り返す。主権在民の憲法理念に著しく反する」と。この論考で椛島は、「法制局の答弁はまさに左翼の論理がそのまま現実化することを示すものであった」と記している。

そんな彼の「時代認識」では、当時の日本は「有史以来最大」の国難に直面していた。保革伯仲時代に突入し、左翼政権誕生が現実味を帯び、左翼・極左勢力による「戦犯天皇論」がエスカレートし、天皇の「Xデー」を狙った天皇制解体論が横行、天皇と国民の紐《ちゅう》帯《たい》である元号が空白になりかねない事態が生じていたという。

そんな切迫感からだろう。彼らは従来の運動論を捨てる決断をする。神道界の理論的指導者、葦津珍彦の考え方に沿った大転換だった。

椛島はこう続けている。

「国難の状況を一つ一つ逆転し、そこに日本の国体精神を甦《よみがえ》らせ、憲法改正の道を一歩一歩と前進させる葦津先生の憲法理論に学び、探求し、「反憲的解釈改憲路線」と名付けて推進していくことになった」

民族派の言葉づかいは難しい。メンバーらの話をまとめると、こういうことだ。

現憲法は無効だ、破棄せよと叫んで回るのではなく、現憲法の解釈・運用に重点をおき、有利な状況をひとつずつ勝ち取ることが重要だ。昭和天皇在位五〇年奉祝運動や、元号法制化運動などを積み上げ、憲法改正に向けた状況をつくる。これこそが日本精神回復への早道だ――。そうした戦略への転換だったという。

日青協結成一〇周年を特集した『祖国と青年』（一九八〇年一〇月刊）には、当時の葛藤が綴られている。

「元号法制化に踏み切る時、私どもは憲法運動について「解釈改憲路線」方式の選択をしました。これまで占領憲法解体という、直接的な明文改憲しか考えてこなかった私どもにとってはたいへんな選択で、改憲運動の後退になるのではないかというジレンマがありました」

日青協は一九七〇年代に、昭和天皇御在位五十年奉祝運動を始める。「象徴天皇」という認識を、「天皇は日本国および日本国民統合の「象徴」であらせられるご存在」という位置まで高めることに力点を置いた。解釈ひとつで憲法は変わる。そんな運動を徹底して行なった。

奉祝運動の事務局長には、「生長の家」出身で後の参院自民党議員会長の村上正邦《まさくに》（八四）が就任し、会長に歴史小説家の山岡荘八、実行委員長に作曲家の黛敏郎が就いた。

黛はテレビ番組『題名のない音楽会』の司会者を務めており、お茶の間でも広く知られる存在で、村上が「運動の顔に」と説得した。その後も「日本を守る国民会議」議長などを務め、一九九七年の日本会議の結成直前に急逝するまで、右派運動の現場には必ずといっていいほど黛がいた。

†「地方から中央へ」

何度か似た光景を見た。

最近では、二〇一五年一一月一〇日に開かれた、「美しい日本の憲法をつくる国民の会」の大会だった。日本会議が主導して、東京の日本武道館で開いた。

会場正面のモニター横に、賛同者が四四五万人を超えたことなどに加えて、「地方議会決議　三一都府県議会」「「県民の会」結成　全四七都道府県」と書かれたボードが掲示された。

四〇年近く前の一九七八年一〇月、やはり日本武道館で開かれた「元号法制化実現総決起国民大会」。首相の福田赳夫の代理で官房副長官の森喜朗（七九）が登壇すると、三本のスローガンがライトアップされた。

「全国44都府県議決を国会に！」「臨時国会に元号法案の上程を！」「政府に早急なる決断を望む！」。壇上の森も一瞬、目を見張ったという。

「地方から中央へ」を合言葉に、都道府県議会、市町村議会での決議を積み上げて、政府・国会に要求を突きつける。地方決議による「中央制圧」のこの手法は、日本会議の事務総局を担う日青協の定石だ。

元号は翌七九年に法制化された。「元号法制化実現国民会議」の事務総長を務めた明治神宮権宮司、副島廣之は「元号法制化運動を日本の精神復興への一里塚としたい」と常々話し、日青協結成一〇周年の式典（一九八〇年一一月）で、法制化運動への日青協の貢献をたたえて、こう述べた。

「着想の良さと申しましょうか、全国県市町村にわたる決議運動が非常に功を奏しました。私はそういう発想はできませんでしたが、やはり若い頭、柔軟な頭脳はすばらしいと思いました。みなさまがいらっしゃらなければ、去年六月六日を以《も》って元号法制化がめでたく成立することには至らなかったのではないかと心から感謝を申し上げます」

元号法制化は、運動の本格着手から二年あまりで実現した。保守陣営にとって戦後初の成功体験とされる「建国記念の日制定運動」が、一九六六年の祝日法改正まで一〇年ほどかかったことを考えると、長老たちにとっては驚くほど短期間に思えたことだろう。

この式典のとき、椛島三五歳。日青協は、地方決議を積み重ねる手法をいつごろ始めたのか。

日青協の内部資料によると、一九七〇年代後半に、今日の日本会議型「草の根保守運動」（当時の呼称は「草の根民族運動」）の拠点づくりに着手したとある。七五年夏、憲法・防衛・教育問題を訴える「第一回全国縦断キャラバン」。七五〜七六年には、昭和天皇在位五〇年を迎えて、提灯行列や奉祝パレードといった地方を巻き込んだ奉祝運動の「原形」をつくった。

翌七七年には元号法制化運動を本格化させる。先に述べたように、「地方から中央へ」を合言葉に地方議会決議運動を展開し、中央政府を動かした。これもまた、「その後の運動の原形となった」と、日青協の内部資料は意義づけている。

「何も特別なことではない。左翼の運動から学び、地方決議が目的達成の早道だと徹底したんだ」。椛島らを保守陣営のさまざまな人々に引き合わせるなど、日青協の後見役だった元自民党参院議員会長の村上正邦はいう。

だが、椛島らとともに民族派学生運動を牽引した鈴木邦男の見解は、少し違う。「左翼のコピーではあるが、それを民族派の世界でコツコツと実践し続けた点は驚嘆に値する」という。そもそも、民族派の世界では「俺は国のために死ねる」などと勇ましいことを言い続ける者ほど尊敬される傾向がある。一方、実務能力が高くても、それは「事務屋」と呼ばれ、軽んじられがちだという。

そうした風土のなかで、椛島たちは学生時代からビラを配り、新聞を作り、選挙での勝利を通じて自治会を掌握した。教団関係者からは「左翼のマネばかりするな。マネているうちに左翼的な思想に染まってしまうぞ」と何度も忠告されたという。それでも、署名を集め、地方組織をつくり、地方議会の決議を積み上げていった。私は、彼らの思想には必ずしも同意しないが、極めてまじめな、できる人々の集まりなのだ。

そして、使命感をもった椛島らは時流をうまくとらえた。今から考えれば、天皇陛下御在位五十年奉祝運動や元号法制化実現運動への参画、その前段としての葦津にならった現実路線への転換が最大のエポックだったことは間違いない。

†保守運動体「日本を守る会」

何より、明治神宮に事務局をおき、元号運動の中核をになった「日本を守る会」(一九七四年結成)を通して、神社、伝統仏教、新宗教、文化人らの知遇をえたことが、先鋭的な民族派集団の命運を大きく変えることにつながった。

同会の発起人は平和運動に熱心な宗教家として知られていた臨済宗円覚寺派管長、朝比奈宗源《そうげん》。伊勢神宮で天の啓示を受けたと本人は語り、同会結成の直前、朝比奈は右派のオピニオン紙『言論人』（一九七四年二月五日付）に警世の一文を寄せている。

「私は世界を、全人類を仲良い世界にしようとして三十年近く世界連邦運動に努めてきた。だが、最近、まず日本を救うことが先決だと思うようになった。世界連邦も各国がまとまってこその連邦である。今の日本のような乱れた国家がいくら集ったところで理想は実現しない」

イデオロギー対立をやめ、国民も国家もエゴイズムに陥ることなくという朝比奈の問題意識は、またたく間に同調者の輪を広げた。

東京・深川の富岡八幡宮宮司、富岡盛彦、生長の家創始者の谷口雅春、明治神宮宮司の伊達巽《だてたつみ》、神社本庁総長の篠田康雄、佛所護念会教団会長の関口トミノ、世界真光《まひかり》文明教団開祖の岡田光玉《こうたま》、社会教化団体の修養団主幹、蓮沼門三《もんぞう》、麗澤大の設立母体であるモラロジー研究所所長の廣池千太郎、作家の山岡荘八、思想家の安岡正篤《まさひろ》らが一堂に会する保守の運動体が誕生した。

この時期、生長の家政治連合（生政連）の国民運動本部長だった村上正邦は、守る会事務局の仕事も兼務。天皇御在位五十年奉祝運動で東京都心での提灯行列実現に奔走したり、会長に山岡荘八を引っ張り出したりした。後ほど詳述するが、靖国問題で大きな影響力をもった、英霊にこたえる会会長の元最高裁長官、石田和外《かずと》（一九〇三―七九）に元号法制化実現国民会議の議長を引き受けてもらおうと、碁会所や自宅に日参して口説き落としたりもしている。

村上が運動のさまざまな局面で頼みにしたのが、椛島が率いる日青協だった。村上は一九八〇年参院選で初当選。村上がケーエスデー中小企業経営者福祉事業団（KSD、現あんしん財団）をめぐる汚職事件で受託収賄罪に問われ失脚する二〇〇一年まで、村上と椛島はともに永田町の階段をかけあがっていく。

第三章 「神聖なる国家」という思想

「日本を守る国民会議」は一九八一年一〇月に結成された。

前身の元号法制化実現国民会議が各地につくった支部組織を引き継ぐ形でスタート。議長に元国連大使の加瀬俊一、運営委員長に作曲家の黛敏郎、事務総長に明治神宮権宮司《ごんぐうじ》の副島廣之が就任した。都内のホテルで催された結成式では、①日本は日本人の手で守る、②教育を日本の伝統の上に打ち立てる、③憲法問題を大胆に検討する――という「防衛・教育・憲法」を運動の三本柱とすることが提案され、約八〇〇人の拍手でもって採択された。

その一六年後、国民会議が「日本を守る会」を統合する形で日本会議が結成された。結成直前、議長に就任する予定だった黛敏郎が急逝し、運動の顔が失われたが、事務局長だった椛島は事務総長になり、日青協は引き続き事務局機能を担うことになった。このとき、機関誌『日本の息吹』も国民会議から引き継がれている。

国民会議と日本会議。一九八一年から現在までの三六年間は、一つの運動体として捉えたほうが分かりやすいようだ。国民会議結成の一九八〇年代以降、憲法、歴史、靖国、領土、教育、皇室、祝日、国家像をめぐるさまざまな保守派の国民運動において、国民会議・日本会議はときに先兵として、時に後衛の黒衣《くろこ》として頻繁に絡んでくるようになった。

†日本会議批判への反論

二〇一六年一〇月、機関誌『日本の息吹』に、日本会議第四代会長、田久保忠衛《ただえ》(八四)による「日本会議への批判報道を糺す」という反論文が載った。

日本会議批判は三つに分類できるとし、①さまざまな宗教団体が参加していること、宗教団体は教祖の一存で右向け右となるので、それは危険ではないか、②天皇崇拝や軍国主義など、戦前の価値観へ戻ろうとしている、③元号法制定や国旗国歌法制定、教育基本法改正など、日本会議がこれまでやってきたことが実現しており、日本会議は大きな力がある運動団体であり、政府をコントロールしている、の三点だとした。

それに対する田久保の反論をそれぞれ要約すると、

①さまざまな宗教団体が参加していることは確かだが、日本会議の綱領と運動方針(日本の伝統・歴史を尊重する、皇室を尊重する、憲法を改正する)に賛同するのであれば、個人、団体、宗教団体を問わず入会いただいている。

②これまで、日本の国体という問題を考えたことのない人たちなのだろう。万世一系の皇室を尊重することはいけないのか。皇室尊重ではあるが、立憲君主制なので、元首としての天皇の下に、実権は内閣総理大臣が握るという制度を提起している。確かに、戦前に

行き過ぎた時期はあった。しかし、戦争が近づいて社会が異常になった瞬間だけをとらえて「戦前＝悪」とするのはデマゴーグの一種ではないか。

③日本は民主主義国家である。特定の運動団体が、国会や政治の動きを自在にコントロールできるわけがない。いくら日本会議に力があったとしても、国民を説得し、国民が納得しなければ何事も決められない。日本会議がやってきたことが実現したのは、国民の声なき声を土台に、無私の心でやってきた結果でしかない。

おおむねそう反論し、田久保は「日本会議への批判は過大評価か的外れ。われわれは「安倍政権の黒幕」などではなく、一国民運動団体でしかない」「小さなグループの寄り集まり」と結んでいる。

旺盛な取材力で安倍政権の裏側をえぐった菅野完《すがのたもつ》のベストセラー『日本会議の研究』（扶桑社）など、批判本の出版が相次ぎ、的外れの批判が多すぎて放っておけなくなったと田久保は記す。放っておけなくなったというのはそのとおりなのだろうが、こんな話も漏れ伝わってくる。加盟団体幹部の中には、事務方を担う日本協議会・日本青年協議会の成り立ちに「生長の家」の民族派学生運動が関係していたことを知らなかった人もいて、「神社の人々だと思っていたのに」と戸惑いの声があがったという。そうした声に対する事情説明の意味あいもあったのではないか。

それに前後して日本会議広報部も、ホームページ上で報道への反論を試みている。「出版物に通奏低音のように流れているのは、日本会議は「戦前回帰」「歴史修正主義」の「宗教右派（カルト）」とのレッテルである。有権者への不安感を煽り、野党勢力の挽回拡大を狙ったものと考えられる」と。

国民投票では投票総数の過半数をとらねば憲法改正はできない。彼らの試算では勝敗ラインは「三〇〇〇万票」。創価学会・公明ブロックなど、中道勢力の取り込みを必須とし、ソフトで幅広い国民運動を展開してきたというのに、「戦前への郷愁」を帯びた右翼団体のように見られることは見過ごせない事態だったに違いない。しかし、田久保が②の反論で「国体」「万世一系」と続けざまに発した言葉に違和感を覚えた人も多いはずだ。右側の世界に普段から出入りしている人でもなければ、そうした用語を日常生活で使うことはないということに気がつかないのだろうか。

†目指すは「神聖な国家」

二〇一六年八月下旬、宗教学者の島薗進を講師に招いた学習会が東京・水道橋の雑居ビルで開かれた。「日本会議と安倍政権の思想史――国家神道の戦前・戦後・今」が演題だった。

島薗は、日本会議が「目指すもの」として挙げている①美しい伝統の国柄を明日の日本へ、②新しい時代にふさわしい新憲法を、③国の名誉と国民の生命を守る政治を、④日本の感性をはぐくむ教育の創造を、⑤国の安全を高め、世界への平和貢献を、⑥共生共栄の心でむすぶ世界との友好を――の六項目について、「①はあからさまには出てこないので分かりづらいですが、国体論です」と解説する。

少し長いが、日本会議の中核をなす思想なので、公式ホームページに掲載されている当該個所を全文掲載する。

「美しい伝統の国柄を明日の日本へ」

――皇室を敬愛する国民の心は、千古の昔から変わることはありません。この皇室と国民の強い絆は、幾多の歴史の試練を乗り越え、また豊かな日本文化を生み出してきました。多様な価値の共存を認め、人間と自然との共生を実現してきたわが民族は、一方で伝統文化を尊重しながら海外文明を積極的に吸収、同化して活力ある国を創造してきました。

一二五代という悠久の歴史を重ねられる連綿とした皇室のご存在は、世界に類例をみないわが国の誇るべき宝というべきでしょう。私たち日本人は、皇室を中心に同じ民族としての一体感をいだき国づくりにいそしんできました。

しかし、戦後のわが国では、こうした美しい伝統を軽視する風潮が長くつづいたため、特に若い世代になればなるほど、その価値が認識されなくなっています。私たちは、皇室を中心に、同じ歴史、文化、伝統を共有しているという歴史認識こそが、「同じ日本人だ」という同胞感を育み、社会の安定を導き、ひいては国の力を大きくする原動力になると信じています。国際化が進み、社会が大きく変動しようとも、常に揺るがぬ誇り高い伝統ある国がらを、明日の日本に伝えていきたいと思います。私たちはそんな願いをもって、皇室を敬愛するさまざまな国民運動や伝統文化を大切にする事業を全国で取り組んでまいります。


島薗によれば、この一文が目指すところは国体論的な神聖な国家だ。「本当に天皇を尊んでいるというよりは強い国家を望んでいる。国が一致団結して、国のために命を投げ出す。そのためには天皇の権威が必要。そもそも国体論を形づくっている水戸学には、天皇を手段としての玉《ぎょく》ととらえる特徴があります」

日本が西欧列強に負けない国になるにはどうすればいいか。何か神聖なものを立てなければいけない。そこで玉をもってくれば権力行使ができる。神聖な国家、それにもとづく教育、そこに、軍事的に強い国家が結びついてくるという。

「彼らはもちろん、そのまま戦前の体制にしようとしているわけではありません。ただし、戦前的な理念によって、現在のある種の勢力に都合がいい、そういう体制をつくりたい。立憲デモクラシーと神権的国体観念を接ぎ木したのが明治の体制でした。いま、神権的国体論のほうへ日本を戻したがっている双璧が日本会議と神社本庁です」

†保守派と建国記念の日

二〇一六年、建国記念の日の二月一一日に東京・明治神宮の神宮会館で式典が開かれた。主催は「日本の建国を祝う会」。会長の大原康男(七四)が「政府が奉祝式典を挙行するのは至極当然」と強調すると、約一二〇〇人(主催者発表)から大きな拍手が起きた。

大原は国学院大名誉教授(宗教行政論)で、日本会議の政策委員会代表を務める。政府・自民党に対し、式典の「政府主催」を訴えてきた。

二〇一二年衆院選の政権公約で、自民党は「政府主催」を明記した。なのに約束が果たされない。その式典でも、来賓の自民党副総裁・高村正彦(七五)は「政府主催」についての言及しなかった。

この問題に携わった自民党議員の一人はいう。「外交ではもちろん、与党内でも軋轢《あつれき》を生む。そもそも政教分離の問題もあり、機運の醸成ができていない」

この日の式典は、神武天皇をまつる橿原神宮遥拝《ようはい》、国歌斉唱、紀元節の歌、日本会議名誉会長・三好達《とおる》（八九）の発声による「天皇陛下万歳」……、という段取りで進んだ。

大原は後日、我々の取材にこう語った。「装束の神職が式典に出てくるわけでもない。どこに宗教色があるのか」「神武天皇にふれることもだめだとなったら、建国記念の日としての意味がありません」

2017年2月11日、建国記念の日式典。椛島有三（中央）、右に横田浩一・国際勝共連合事務総長（提供：朝日新聞社）

一九六六年六月、祝日法が改正され、建国記念の日の制定が決まった。ただし、「期日については六カ月以内に政令で定める」とされ、審議会の議論をへて、戦前の紀元節にあたる二月一一日に決まったのはその年の年末だった。紀元節は、神話伝説上の人物である神武天皇が橿原宮で即位した日にあたるとされ、学校や軍、役所などで盛大なお祝いが行われた歴史がある。そうした国家主義、軍国主義の一翼を担った紀元節だっただけに、

「建国記念の日」の期日決定までの間、複数の対案が出された。社会党は五月三日（憲法施行の日）、民社党は四月三日（聖徳太子の一七条憲法発布の日）、公明党は四月二八日（サンフランシスコ講和条約発効の日）というように。

制定運動の中核となったのは神社本庁だった。「生長の家」など反共愛国を前面に掲げた新宗教、社会教化団体の修養団、大東塾・不二《ふじ》歌道会《かどうかい》などの右翼勢力も一翼を担った。日本会議など改憲勢力の動向に詳しい「日本の戦争責任資料センター」事務局長の上杉聰《さとし》（六九）は、建国記念の日の制定運動をこう位置づける。「東京裁判や公職追放で打撃をうけた勢力や人々が再結集を図った。そして成功させた最初の運動だった」

神社界にとってこの経験は大きかった。一九六九年、神道政治連盟（神政連）を結成。翌年には神政連国会議員懇談会を設立した。いまや懇談会は三〇〇人を超す勢力だ。それなのに、神社界や日本会議が思い描く「政府主催」の式典は実現していない。

†政府・自民党と奉祝委員会

一九八〇年代、政府・自民党と神社本庁などが式典のあり方をめぐり、急接近した時期がある。

式典は一九八四年まで、神社本庁や生長の家、日本郷友《ごうゆう》連盟など約六〇団体でつくる

「建国記念の日奉祝運営委員会」が主催し、明治神宮会館や国立劇場で行ってきた。委員長は、「日本を守る国民会議」の顔、黛敏郎だった。

運営委員会の強い要請をうけて、総理府が一九七八年に「政治色、宗教色なし」を前提に後援に踏み切り、その後、文部、自治両省が加わった。式典に出席する閣僚も年々増え、運営委員会は八二年暮れ、首相に就いたばかりの中曽根に出席を打診。中曽根は翌八三年、式典に祝電を送り、一方の奉祝委員会側も宗教性の強い「橿原神宮遥拝」を「黙禱」に改めるなど、復古調の式典をやや和らげ、首相出席のための環境を整えてきた。

そんな経緯をへて開かれた一九八五年の式典は、黛ら奉祝委員会が合流するかたちで、政府肝いりの新団体「建国記念の日を祝う会」が主催した。会長は日本商工会議所会頭の五島昇《ごとうのぼる》。東京・国立劇場で開かれ、中曽根が建国記念の日の式典に初めて首相として出席、祝辞を述べた。

「国民一人ひとりが遠くわが国の成り立ちをしのび、わが国の弥栄《いやさか》を願う意義深い祝日」と述べたほか、「日本国民は旺盛な愛国心と強い団結心をもって国力を培うとともに独特の個性豊かな文化を作りあげてきた」と歴史を振り返りつつ、国民に愛国心、団結心をもつよう呼びかけた。

その頃、最高裁判所と青山通りをはさんでその先にあった社会党本部・社会文化会館ホールでは紀元節復活に反対する集会が開かれており、元社会党委員長の飛鳥田一雄《あすかたいちお》が、「建国記念の日は数年のうちに紀元節に逆戻りするだろう。中曽根首相は宗教色を弱めさえすれば正当であるかのように言いふらしている。国家主義、軍国主義の申し子である紀元節に反対する行動に立ち上がろう」と対決姿勢を強めていた。

†奉祝委員会側の不満

その一方で、国立劇場内部では、保革の対立とは違った意味で深刻な衝突が続いていた。政治・宗教色を薄めることに腐心した政府・自民党に対し、黛らの奉祝委員会側は必ずしも納得して会場にやってきたわけではなかった。

その二カ月ほど前の話だ。自民党国民運動本部と奉祝委員会の初会合が開かれた。その様子を日青協の機関誌『祖国と青年』(一九八五年二月号)が記している。出席者は、同党国民運動本部長で衆院議員の中山正暉《まさあき》(八四)、奉祝委員会側から「日本を守る国民会議」事務総長の副島廣之、事務局長の椛島ら。ここで椛島らがいう「聖寿万歳《せいじゅ》」とは「天皇陛下のご長寿と皇室の弥栄を」といった意味だ。

中山　まず、総理大臣が出席できて、国民みなで祝えるような建国記念の日としたい。そのためには皆様のご意思にはそぐわないかもしれませんが、「天皇陛下万歳」を「日本国国家万歳」に置きかえていただきたい。

委員会側　「神武建国」「天皇陛下万歳」をやめるということは総理大臣のご意向ですか。

中山　総理自身がやめろとおっしゃっているわけではございません。

副島　神武建国、天皇陛下万歳ということは宗教となんら関係ないわけでして、宗教色というあいまいな言葉でいかにも宗教とかかわりがあるかのように言っているのは非常な間違いです。なぜ、「神武建国」と言ってはいけないのですか。

椛島　一九七八年から七回も政府後援を重ねてきました。神武建国、聖寿万歳を削るということは総理出席によって建国の本義が損なわれ、思想的に後退するということです。

委員会側　「天皇陛下万歳」を叫んで反対するような国民はごく一部。政府は何を恐れ、どこを国民と称しているのか。

委員会側　先ほど、新しい日本国民が誕生したとき、聖寿万歳や神武建国はよみがえるだろうと言われたが、今の教育の中で聖寿万歳を青少年が言えるような体制は整っていません。それゆえ、聖寿万歳をおこない、神武建国の意義を一般国民にわかりやすく伝えていくのが国民運動本部のつとめではないですか。

中山　天皇陛下万歳をおっしゃらないということで、総理が天皇陛下に反対する勢力の一人だというのはいただけない。愛国者国を滅ぼすという形にならないように、性急に愛国のことが出るたびに争いをもたらした昭和の初めのムードにならないように。

椛島　神武建国をいうことが愛国者国を滅ぼすということになりますか。今まで政府後援で聖寿万歳、神武建国を言ってきた。無理なお願いではない。

中山　その今までの雰囲気では総理が出にくいということになっているわけです。総理大臣という日本国を代表する方の中に天皇のお心も入り、日本国の心も入ってその方が出ていただいたら、これで日本国万歳を言えばすべて包含したことになるのではないか。

椛島　総理の中に全部包含して天皇も入って、すべて入っているんですか。

中山　何よりもまず総理大臣というものの中にすべての日本国が包含されているという形でお出ましいただく以外に。

椛島　それは共和制ですよ。

事実確認のため、政界を引退した中山を大阪に訪ねた。当時のことは鮮明に覚えているという。

中山はその日、三五団体が集まるから説明するようにと党本部に指示され、神社本庁を訪れた。

「青嵐会にいた右寄りの私です。自分なら説得できる。軽く考えていました」

話し合いでは、面識のある明治神宮権宮司、副島が中山の言うことに一定の理解を示しているように見えたものの、若い男性の動きが目障りに感じられてならなかった。室内を動き回り、神職の肩をたたくと、その神職は立ち上がり「神武建国をやれ！」「聖寿万歳は外せない！」「天皇陛下万歳をやれ！」。次々に声をあげた。

中山は「いずれは神武天皇も天皇陛下の話もしなければいけないけれど、第一回でそれをやったのでは、戦前の日本になってしまう。だから、それはお断りです」とできるだけ穏やかに話していたつもりだったが、男がウロウロすると、話は振り出しに戻り、議論にならなかった。

その後、担当者同士が約二カ月かけて話し合い、奉祝委員会側が譲れないとした「神武建国」「聖寿万歳」を式典に入れるという二点に議論は絞られた。「神武建国」は会長の式辞で触れる、「聖寿万歳」は「建国を祝し天皇陛下のご長寿を祈り」に続いて万歳三唱することで、やっと折り合いがついた。

ところが、式典は一九八八年の開催前に分裂する。奉祝委員会側には、式典の「ショー化」への不満があった。「国歌斉唱」とされるべきなのに「君が代斉唱」に改変された、アトラクションで国旗をはずした後、国旗を再び掲げることなく万歳三唱した……。さらに主催する「祝う会」が財団法人「国民の祝日を祝う会」に改組され、組織名から「建国記念の日」が消えた。

黛らは「日本の建国を祝う会」を結成し、主催する式典は今も続く。首相出席の式典は「国民の祝日を祝う会」が引き継ぎ、小泉内閣時の二〇〇五年に幕を閉じた。

中山は振り返る。「私は日本国を愛する正統派の男だと思っているんですがね。あの人たちの歴史観、執念はすさまじかった」

†「文化の日」を「明治の日」に

明治天皇の誕生日である一一月三日を「明治の日」に――。「文化の日」をそんな名称に改める祝日法改正運動が一部で熱を帯びている。「国家の独立を守り抜いた明治の先人に思いをはせる日に」と訴え、二〇一五年一一月一一日には東京・憲政記念館で決起集会が開かれた。日本会議会長の田久保忠衛が「明治の日の意義」と題し基調講演をした。

運動を進めているのは「明治の日推進協議会」（会長・塚本三郎（九〇）＝元民社党委員長、事務総長・高池《たかいけ》勝彦（七四）＝新しい歴史教科書をつくる会会長）。日本会議副会長の小田村四郎（九三）やジャーナリストの櫻井よしこ（七一）、安倍首相のブレーンの一人とされる日本政策研究センター代表、伊藤哲夫らが役員になっている。二〇一一年に発足し、文化の日を明治の日に改めることを求める国会請願のための署名集めや、世論喚起をめざす集会を各地で開催している。

二〇一五年一一月の決起集会には、自民党の古屋圭司（六四）、稲田朋美（五八）、衛藤晟一ら衆参二六議員が出席。六〇万筆を超えるという署名を受け取った古屋は来賓あいさつで、「明治という時代は近代の礎をつくりあげた極めて重要な時代。一部メディアは戦前回帰だ、戦前の国家主義的方向へもっていくと言っている。まったくもってナンセンスだ！」

その後、協議会側が決議文を読み上げた。「明治節は大東亜戦争後の占領政策で廃止されてしまった。われら国民有志は明治時代に思いをはせつつ、一一月三日を文化の日から明治の日へと改める祝日法改正の請願署名運動を二〇〇八年から展開してきた。国会議員は、熱烈なる国民の声を真摯に受け止め、明治維新から一五〇年目の節目にあたる一八年までに明治の日制定を実現すべく、速やかなる法案の提出を強く求める」

役員の一人、国学院大名誉教授の大原康男は、一一月三日を「明治の日」とする意義について、「そもそも文化の日とは何なんだと。何か文化と関係あるのかという問題意識がありますよね。近代国家日本をつくった一番の偉人、明治天皇由来の明治節だった歴史があり、今の日本があるのも明治の遺産であることを考えると、根拠があいまいな文化の日を改め、本来の形に戻すべきではないか」と話す。

戦前の明治節は、国家の大事な行事とされ、①元日に五穀豊穣などを祈る四方拝《しほうはい》・歳旦祭《さいたんさい》の新年節、②神武天皇が即位した日を建国の日とした紀元節、③天皇誕生日である天長節とともに、四大節《しだいせつ》の一角を占めていた。一九二七年、「明治天皇の偉業を永遠に伝えていくために」などの理由で制定され、官公庁、学校、軍隊などで盛大な祝賀式典が行われた。

それが戦後、一一月三日に日本国憲法が公布され、文化の日となる。一一月三日が選ばれた理由については諸説あるが、暦の研究で知られた岡田芳朗・女子美大名誉教授の回想によると、戦後、再出発にふさわしい祝日を選ぶ際に、文化国家の建設を目的とした祝日を加えたいという思惑から、文化の日が決まった。日取りを検討する中で、気候がよい明治節の日になったという。

しかし、明治の日に変えようという動きがいま、国民の間で広がるのだろうか。大原は明治の光と影を指摘したうえで、世界史的にも大変化をもたらした特筆すべき時代だったと、明治の重要性を強調する。「明治を教育現場で教えれば、明治の日はおのずと実現に近づくはずです。日本を見て、世界の人々は有色人種が白色人種と対等に立てるんだと知った。そうした時代だったわけですから」

†「明治の日」制定運動の真意

明治の日の実現をめざす動きについて、「戦前回帰」の政治的意図が隠されていると警戒する声もある。前出の宗教学者、島薗進は「戦前のような国家神道的な社会に戻したいという流れの一つでしょう」と指摘する。過去にも建国記念の日制定、元号法制化、昭和の日実現などがあり、明治の日もその延長線上にあるという見解だ。

島薗によると、連合国軍総司令部（GHQ）は戦争直後、国家神道が信教の自由を圧迫したとして、国家から神社神道を切り離す神道指令を出した。ところが、天皇の祭祀は不問とされ、国家神道は形を変えて生き残ったという。「一例が祝日。戦後、呼び名は変わりましたが、祝日の多くは皇室祭祀の儀礼が行われている日です」と指摘する。

実際、皇室由来の祝日は多い。元日は四方拝・歳旦祭の新年節、春分の日、秋分の日は神道の春季皇霊祭《しゅんきこうれいさい》、秋季皇霊祭だし、勤労感謝の日は新嘗祭《にいなめさい》だ。建国記念の日、昭和の日（昭和天皇の誕生日）、海の日（明治天皇の東北行幸で横浜に帰港した日）、天皇誕生日（戦前は天長節）は言うに及ばずだろう。

祝日をめぐる先述のような運動では、天皇の祭祀を前提として「戦前回帰」の動きが起こる。そこには神社本庁があり、他の宗教団体もあり、保守政党が合流する図式だという。「明治の日の運動も、立憲主義を切り崩して、いつの間にか、戦前の国家主義的な方向へと国民の意識を向かわせようとしているように思えてなりません」

✝祝日〝正常化〟運動

かつて四月二九日を「昭和の日」にという祝日法改正運動があった。一九八九年一月に昭和天皇が崩御し、翌月、天皇誕生日の四月二九日は「みどりの日」に名称がかわることが決まった。八九年二月の参院内閣委員会で、官房長官の小渕恵三は提案理由をこう述べた。「緑豊かな自然に親しむうえで最もふさわしい時期であり、ゴールデンウイークの始まりの休日として国民の間に定着している」

小渕は当時、私的諮問機関を設置して意見を聴いた。同じ委員会で当時の内閣内政審議室長が説明した。「昭和の日に、という意見もあった。だが、例えば明治天皇の誕生日が文化の日になっているなど、祝日法の建前から考えて、みどりの日がいちばん妥当と判断した」

祝日法は、国民の祝日の意義を「国民こぞって祝い、感謝し、又《また》は記念する日」と定めている。この建前から、当時の政府は「昭和」の名前をあえて避け、みどりの日を選んだのである。

ところが、一九九四年ごろから「昭和の日に改称を」とする運動が始まり、九八年に「「昭和の日」推進議員連盟」が発足した。その後、首相の森喜朗が神政連国会議員懇談会の会合で、昭和の日制定について「天皇を中心とする神の国であるということを国民にしっかりと承知していただく活動の一つ」などと発言し問題化、法案が廃案になるという想定外の事態もあったが、結局、二〇〇五年の祝日法改正で、〇七年から「みどりの日」を五月四日に動かし、四月二九日が「昭和の日」に決まった。この日を祝日とした趣旨について、同法は「激動の日々を経て、復興を遂げた昭和の時代を顧み、国の将来に思いをいたす」としている。

推進団体の「「昭和の日」推進国民ネットワーク」はその後、「明治の日」実現に動き出した。明治の日推進協議会の相澤宏明は「日本国体学会」の機関誌『国体文化』（二〇一四年一一月号）で「戦前の明治節は、当時の国民の請願を受け、一九二七年に祝日として制定したものである。以上の制定過程をみれば、当時の為政者が国民に強制し、上から下し与えた祝日でないことは一目瞭然である」と、明治節の成り立ちにふれ、明治の日に改めるよう訴えている。

国体学会は、戦前のスローガン「八紘一宇《はっこういちう》」を造語した田中智学（一八六一―一九三九）が立教し、石原完爾《かんじ》（一八八九―一九四九）や宮沢賢治（一八九六―一九三三）らが信仰した法華系教団「国柱会《こくちゅうかい》」の流れをくむ団体だ。明治節の制定自体、田中が呼びかけた運動の成果でもあり、国体学会は戦前の暦をとりもどす祝日正常化運動の一つとして非常に熱心に取り組んでいる。

そこでカギをにぎるのが日本会議だ。日本会議の運動には実務を仕切る日本協議会・日青協が主体的に動く場合と、協力関係にある団体の運動を日本会議のネットワークでサポートするケースとがある。「明治の日」について、日本会議のある地方幹部は「憲法改正運動で手いっぱい。とても祝日まで戦線を拡大できない」とつれない返事だ。

ただ、明治維新から一五〇年を迎えるのに合わせ、政府は二〇一六年一〇月、記念事業を実施すると発表。日本の近代化の歩みを次世代に伝えるため、政府主催の式典などを検討するという。官房長官の菅義偉《すがよしひで》（六八）は「明治一五〇年は、我が国にとって一つの大きな節目。明治の精神に学ぶ、日本の強みを再認識することは極めて重要だ」と発言した。

明治維新から一〇〇年目の一九六八年一〇月、政府は日本武道館で記念式典を開いた。昭和天皇、皇后や当時の首相、佐藤栄作をはじめ約九〇〇〇人が出席。一〇〇周年の記念歌を合唱し、佐藤が万歳を三唱した。首相官邸の幹部は「(今回も)式典をやる必要がある」と、二〇一八年一〇月には式典を開く考えだという。連動して、「明治の日」に追い風が吹く可能性もある。

第四章

教育「正常化」運動
——憲法改正の前哨戦

「日本を守る国民会議」が運動の三本柱の一つとしたのが教育だった。一九八〇年代に高校教科書『新編日本史』の編集を主導したものの、部数的には惨敗。約一〇年後、「新しい歴史教科書をつくる会」が結成されるが、やはり部数低迷で苦戦する。ところが、漫画家の小林よしのりや東大教授の藤岡信勝《のぶかつ》ら発信力のある面々を擁した布陣で、社会に大きなインパクトを与えることに成功する。この時期、「教科書改善」と「教育基本法改正運動」は互いに連動し、大きな展開を見せる。

†「つくる会が「歴史戦」を主導」

東京・市ヶ谷のホテルで二〇一七年一月末、「つくる会」の創立二〇周年記念集会があった。歴史認識をめぐる裁判に数多く携わってきた弁護士で同会会長の高池勝彦は「つくる会ができたことで、日本の教科書の様相は一変したといっても過言ではない。残念ながら我々の教科書は採択を伸ばすことはできず、昨年は公立学校ではゼロでした。しかし、我々の運動がここで意味がなくなったのかというと決してそんなことはない。特に最近では、「歴史戦」が大きな任務になっていますが、それを主導しているのがつくる会でありますと、それまで果たしてきた役割と、自国の名誉を守るための戦いと位置づける「歴史戦」での実績をアピールした。

会場で配られた会報『史《ふみ》』（二〇一七年一月号）には、創刊号に載った電気通信大名誉教授、西尾幹二の「発刊の辞」が二〇年の時をへて再掲されていた。

「戦後、マルクス主義ふうの怪しげな反体制思想一色に塗りつぶされた歴史教科書の正常化の必要性は、一九五五年ごろから叫ばれつづけてきた課題でした。ソ連が崩壊し、マルクス主義の本丸が落ちたというのに、今度は代わりに〝自国史侮辱毀損、嘲笑、快楽症候群〟とでも名づけるべき病気がこれに乗り移って、ますます異臭を放つ、薄ぎたない痴愚現象へと、低劣化の度合いを深めています――」などと、「悲観すべき事態」への嘆きが続く文面だ。二〇年前の西尾の渋面が目に浮かぶではないか。

†高橋史朗の歴史教育批判

一九九七年一月の創立総会一カ月前、東京・赤坂のホテルで、つくる会の設立会見が開かれた。約二〇〇人の取材陣と向かい合ったのは西尾のほか、東大教授の藤岡信勝、漫画家の小林よしのり、学習院大教授の坂本多加雄らだった。

その中に、臨教審専門委員を務めた明星大教授の高橋史朗がいた。反共愛国をかかげて活動していた元生学連委員長。現在は日本会議の政策委員を務める人物で、黒衣としてつくる会を仕掛けた一人だった。

日青協の機関誌『祖国と青年』には、高橋の論文が数多く掲載された。早大大学院生だった一九七五年一一月に発表した「無国籍歴史教育・その問題点」では、日教組の研修から問題となる部分を抜粋して、以下のように結論づけている。地域史を掘り起こして日本史全体に位置づける実践は小学校高学年で多くなされ、「人民の歴史」「民衆の闘い」といった記述が多いと分析。「日教組が明確な「階級史観」に立脚し、低劣な「善玉悪玉論」で徹底した「革命教育」をしているのは明らか」と主張している。

一九七七年四月には、日青協の専門局「日本教育研究所」事務局長の肩書で座談会に登場。「戦後世代の若者が凄惨《せいさん》な爆弾闘争に走ったり、傍若無人な理論を振りかざして人を平気で傷つけたりできるのは、歴史の中における一体感を身につけなかったところからくる悲劇。戦後の歴史教育は自らの根をもたない悲しい流浪の民をつくってしまった」とし、「祖国に対する自然な愛情を深く豊かに育てていくことが大切だ。天皇─国家─自己の生命を貫いている根源的な価値に目覚めさせることが最も本質的な課題である」などと訴えている。

†藤岡信勝の「東京裁判史観」批判

そんな高橋と藤岡が一九九〇年代に出会う。「子どもと教科書全国ネット21」事務局長の俵義文《たわらよしふみ》（七六）によると、近現代史の授業に関する教育雑誌の連載で藤岡が注目された九四年前後のことだ。藤岡が中心になって「自由主義史観研究会」が結成された後、二人はつくる会立ち上げの原動力になった。

高橋は一九九五年一月、日本を守る国民会議の機関誌『日本の息吹』に、注目の人となっていた藤岡をこんなふうに称揚している。

「戦後の「平和と民主主義」教育をリードしてきた教育科学研究会の授業づくり部会が「近現代史『書き直し』プロジェクト」に着手し、社会科教師を中心に教育界に大きな波紋を呼んでいる。同部会は一九九四年八月、東京都立大学で「大東亜戦争は自衛戦争だった」をテーマにディベートを行い、討論者の誰もが近現代史に対する認識不足、自らの頭で考えた歴史観の欠如を認めた。プロジェクトの中心になっている東大の藤岡信勝教授は月刊誌『社会科教育』に画期的な連載論文を発表し、極めて重要な問題提起を行っている。戦後の歴史教育を鋭く批判した視点は注目に値する」と。

高橋によると、注目すべき藤岡の問題提起は八項目。主要なものを抜き出すと、①東京裁判にみられる日本近代史の見方が戦後歴史学の主流となり、歴史教科書も同じ論理で書かれ、東京裁判史観が定着してしまった、②歴史教科書の最大の問題は、ロマンと共感をもって描き出すという姿勢がまったく欠けているところにある、③九三年度に使用開始された中学歴史教科書は相変わらずマルクス主義歴史学に立脚している、④敗戦後、マルクス主義史観と東京裁判史観が「日本国家の否定」という共通項を媒介に合体した、⑤日本人は外国の国家利益に起源をもつ「東京裁判＝コミンテルン史観」の呪縛から自由にならなければならない、がある。

学生時代から反共愛国を訴えてきた高橋からすれば、当時の藤岡はまさにわが意をえたりと言い得る、意中の人物だったのではないか。共産党員だった教育学の東大教授が転向し、日教組の教育を否定したうえ、「東京裁判史観は誤りだ」と喧伝してくれているのだ。待ちに待った人材の登場だったはずだ。

しかし、つくる会は結成以来、内紛に見舞われ続けた。団体の知名度アップに多大な貢献をしてきた漫画家の小林よしのりと評論家の西部邁（七八）が、親米か反米かをめぐる路線対立で退会。後述するが、さらに二〇〇〇年代後半には大分裂し、つくる会に残った西尾、藤岡らのグループは、林健太郎ら保守系文化人が集った「日本文化フォーラム」系出版社「自由社」と組んだ。つくる会を去った元会長の憲法学者、八木秀次らのグループは日本教育再生機構を立ち上げ、扶桑社の子会社「育鵬社」を版元に選ぶ。高橋は再生機構の理事になった。

†つくる会の教科書、採択戦

大分裂前の二〇〇五年一月下旬、つくる会のシンポジウム「国民の油断　ジェンダーフリー・領土・教科書」。東京・銀座で開かれた。その会場に足を運ぶと、四年に一度の教科書採択の年とあって、一体感と高揚感で沸き立っていた。私は『ＡＥＲＡ』（〇五年二月一四日号）で、こんな取材をしている。

「いよいよ、決戦の年。情勢は有利に展開している。（中略）英霊のお力もこの際お借りして、何とか、一〇％の採択を達成するようお互いに頑張りたい」。藤岡はこう切り出した。九〇〇席のホールはほぼ満席で、参加者を見渡すと、高揚感がみなぎっているように見えた。

決戦の年――。つくる会はそう位置づけていた。前回、扶桑社版中学歴史・公民教科書を携えて殴り込んだものの、市区町村立の採択区は全滅した同会からすれば、再戦の舞台がようやくやってきた、そんな心境だったのだろう。

集会は四時間を超す長丁場になったが、席を立つ人は数えるほど。熱心にメモを取るスーツ姿の男性もいれば、幹部の慨嘆にあわせて何度も深いため息をつく初老の女性、拍手のしどころなどお構いなしに激しく手を叩く中年男性もいた。

教科書検定に合格し、記者会見を開く「新しい歴史教科書をつくる会」の藤岡信勝（左）と西尾幹二、高橋史朗。2001年4月3日、東京・永田町（提供：朝日新聞社）

「ジェンダーフリー、教科書、領土はすべて地下茎でつながっている。敵は一緒と確認しておきたい」と八木秀次。〝敵〟という言葉が強調され、それとほぼ同義の〝サヨク〟や〝朝日〟が口にされるたびに、会場からは雷鳴のような拍手が起こった。

この高揚感の理由を探っていけば、藤岡のあいさつに見て取れるような、「追い風」という状況認識に行き着くに違いない。中韓の台頭や北朝鮮による拉致事件、さらには尖閣・竹島問題で、ナショナリズムはいや応なく高揚……。今度こそ勝てる！　そんな意識が幹部の発言にも見え隠れする。

西尾は軽く冗談を口にした後、展望を語った。

「当然、地理もやらなくては。それに、国語、家庭科がたいへんだという声もあるし、英語にまでジェンダーフリーの思想が入り込んでいる。本当なら、扶桑社に一大教科書出版会社になってほしいが、採択に勝たないことには」

扶桑社では、同会が主導した中学の歴史と公民の教科書を出していた。歴史では教育勅語を全文掲載したり、公民では国家など「公」の利益を強調したりした記述が多くあった。二〇〇一年の検定では、「欧米列強が韓国併合への支持を表明したかのように誤解するおそれのある表現」があるなど、歴史一三七項目、公民九九項目の検定意見を受けいれて修正したにもかかわらず、惨敗。厚い壁に阻まれた。

それから約四年たった二〇〇五年。もはや会員たちに悲愴感は感じられない。二回目の採択戦。教育委員会はもちろんのこと、働きかけは首長や地方議会にまで及び、北朝鮮拉致事件への批判の高まりといった社会情勢も追い風にみえた。

†惨敗、そして内紛、分裂

だが、数字はまったく伸びなかった。中学の歴史と公民の教科書の占有率はそれぞれ〇・四三%と〇・二一%で、足し合わせても一%に達しなかった。

直後の反省会では、教育界の古い体質を切り崩せなかったとする分析の一方で、幹部は事務局の運動論を指弾し、別の幹部は扶桑社の販売戦略が十分だったのか問題にした。その後、怪文書がまかれ、理事が一人抜け、二人、三人とやめていった。二〇〇六年四月末に会を飛びだしたのが八木だった。

その騒動の中で日本会議事務総長の椛島と近い関係にある、つくる会事務局長、宮崎正治らが解任された。宮崎は日青協傘下の民族派学生組織「反憲法学生委員会全国連合」（反憲学連）の元議長だった。

西尾は騒動をめぐり、椛島、宮崎らを指して、「宗教右翼を追い出せ」「日本会議にとって、つくる会は支部程度のものか」とブログで激しく攻撃している。

泥沼の内紛は、分裂した後も続いた。

二〇〇七年六月二一日、文部科学省記者クラブ。「つくる会が排除され、会を去った人が教科書を書く。こういうことを日本語では『乗っ取り』というのではないか」

会見に臨んだつくる会会長の藤岡信勝は、発行元の扶桑社が新たなパートナー（八木秀次ら）と教科書づくりの準備を始めたことにいきり立った。ボルテージはさらにあがり、声明文を一気に読み上げた。

「フジテレビ会長が、初版以来の中心的執筆者が書いた部分は『どんなに金がかかっても書き直す』と発言したと伝えられる」「扶桑社は『内容が右より過ぎて採択が取れない』と回答した。採択が多く取れなかったのは『右より』だったからではなく、まさに是正すべき教育界において排除されたのです」

やがて、「つくる会」系の自由社版と育鵬社版の二社体制にたどりつく。ところが、分裂で力が削がれることはなく、八木らの育鵬社版が徐々に採択され始めた。

†「育鵬社版」シェア四割の仕掛け人

「新しい歴史教科書をつくる会」から分かれた日本教育再生機構。この団体が編集にかかわる中学歴史と公民の教科書が抜群に強い地域がある。神奈川県だ。二〇一六年度から中学生が使っている歴史と公民の教科書で、育鵬社版の占有率はともに三八・七％（県教委調べ、私立を含む）。全国では歴史六・三％、公民五・七％だから、突出している。

立役者は、日本会議神奈川の副運営委員長。「教育を良くする神奈川県民の会」の運営委員長を兼務する木上《きがみ》和高（七〇）だ。「二〇一一年に横浜市と藤沢市を押さえて、一気に伸びた。一五年は守りの採択戦でした」。一五年に再び両市を押さえることができて安堵の表情だ。

県民の会の前身は、二〇〇〇年ごろ、神奈川県内三五の保守系団体が集まって結成した「教科書を良くする神奈川県民の会」だ。日本協議会・日青協、日本会議、県神社庁、県隊友会、県偕行社《かいこうしゃ》などが会に参加。育鵬社版と「つくる会」系の自由社版のいずれかが採択されるよう環境整備を進めてきたという。

教科書採択は、教員や識者らでつくる審議会などの事前調査を参考に、教育委員会が選ぶ形が一般的だ。木上たちは、自治体の教育委員に、伝統文化や道徳心、愛国心の三点を選定基準にするよう働きかけた。並行して、教委が審議会の事前調査を追認したり、労組に屈したりしないよう、説いて回った。

「要するに、教育基本法改正の趣旨をふまえ、しかも、教育委員が自分の判断で選べばおのずとよい教科書が採択されるという環境をつくった」と木上はいう。

採択決定後のフォローにも抜かりはなかった。「横浜市の教育委員会の見識に深い敬意を表します」。そんなタイトルのチラシを横浜駅や関内駅の前で配り、住宅街では郵便受けに投げ込んで、教育委員を激励した。藤沢市でも同じ運動をした。

「左翼が教育委員を攻撃してくる可能性が高い。商売と一緒で、アフターケアの悪い品は長く売れないでしょう。国民運動でも同じことだと思うんですよ」。木上は日産自動車で、生産管理や作業の効率化などに長く携わった。その経験からか、活動の中で取り除くべき障害が見えてくるという。

東京出身で、学生時代はノンポリ。長崎大出身の椛島と同じ一九六五年入学で、早大生になった。キャンパスはまさに「早大紛争」へと突き進んでいた時代だが、まったく興味が湧かず、雀荘《じゃんそう》やビリヤード場、将棋センターに通いつめた。左翼のセクト名さえ知らないし、ましてや、全学連に反対する鈴木邦男ら民族派学生が早稲田大のキャンパスにいたことなど知らなかったと笑う。

きっかけは二〇年ほど前、保守系オピニオン誌に紹介されていた勉強会だった。社会に不満があるわけではなかったが、なんとなく興味をひかれた。たびたび顔を出すうち、常連に誘われ、「つくる会」などの活動に加わるようになった。

木上のどこかに引っかかるところがあったのだろう。新宿・大久保にあった教科書配送センターに自ら足を運び、中学の歴史教科書を全社分買って比較してみたこともある。「階級闘争史観と東京裁判史観が合体した教科書ばかり。「立ち上がる農民一揆」のほうが「信長の天下取り」より大きい。それは違うだろう」。それが大きな契機となり、運動にのめり込んだ。

いまでは、育鵬社や自由社以外の教科書も変わった気がする。「明らかに左翼一色の教科書が減った。それだけでも我々の運動の成果は大きいと自負しています」

†教科書改善運動の系譜

戦後の保守勢力による教科書改善運動は、実は歴史が長い。

一九五五年、自由党と日本民主党が保守合同で自民党となる数カ月前、日本民主党は調査報告集『うれうべき教科書の問題』を発表。それをもとに教科書偏向を質《ただ》したことに始まり、八一年には元徳島県鳴門市教育長の森本真章《しんしょう》らが中学社会科教科書を分析した『疑問だらけの中学教科書』（ライフ社）が反響を呼んだ。翌八二年、文部省が教科書検定で「侵略」との表記を「進出」に改めさせたとする誤報に端を発した教科書問題が起きると、教科書検定の中に中韓に配慮する近隣諸国条項が新設され、八三年には「教科書正常化国民会議」が結成された。この団体には統一教会系団体やそのシンパの学者らが関わっていた。

その機関誌『教育正論』の創刊号で、この団体の設立発起人代表で会長に就任した気賀《きが》健三《けんぞう》は、「教科書正常化の運動を進めるには広範にわたる抵抗を覚悟しなければならない。何よりもまず、教員、父兄をはじめ、一般の世論形成に影響力をもつ人々に向って、偏向の事実を明示し、偏向を生む環境を分析し、正常化の世論を盛り上げたい。国家百年の大計ともいうべき公正なる教育を普及させたいというのが我々の悲願である」と結成理由を述べている。気賀は、政府税調会長などを務めた慶応大名誉教授（経済学）、加藤寛の師匠筋にあたる人物だ。

一九八三年一二月に東京・青山学院大で開催された創立総会では、文部省の「教科書検定調査審議会」第二部会長などを歴任した東大名誉教授（経済学）の大石泰彦、岐阜教育大教授や日本教師会会長を務めた稲川誠一、『疑問だらけの中学教科書』の執筆者の一人で、福井工業大教授になっていた森本真章らが意見発表した。

興味深いのは稲川の弁だ。「教科書正常化運動の高まりには二つの潮流がある。一つは「日本を守る国民会議」の教育部門で、一年余り前に教科書作成の具体化がはかられている。もう一つはこの教科書正常化国民会議の急速な発足である。志向は同じでも、幕末、寺田屋騒動の再現を懸念する。両者の和合提携を祈念してやまない」というのである。

稲川は皇国史観の中心的人物だった東大教授、平泉澄《ひらいずみきよし》（一八九五―一九八四）の門下生。日本を守る国民会議が主導した高校用教科書『新編日本史』に関わることになる人物で、薩摩藩士同士で斬り合いとなった寺田屋騒動（坂本龍馬襲撃とは別の事件）を例に引き、二つの国民会議が衝突しないよう訴えているのが生々しい。

†高校歴史教科書『新編日本史』

結局、教科書づくりには日本を守る国民会議が乗り出し、一九八六年に、高校歴史教科書『新編日本史』が検定を通過する。教科書に記載されている執筆者名を挙げると、稲川のほか、元京華商業高校長の朝比奈正幸、現日本会議副会長で東大名誉教授の小堀桂一郎（八三）、筑波大教授の村松剛らが名を連ねている。全体の取りまとめは、元文部省主任教科書調査官で顧問格の村尾次郎が担当したという。

その昔、『ゼンボウ』という、反共を売りにした雑誌があった。一九八七年八月号の

「民族派は直言する」という連載に、歴史教科書づくりを主導した「日本を守る国民会議」の事務局長として椛島が登場。「昨年採択したのは三二校でした。厳しい数字ですが、教科書業界における既存の出版社の営業力を考えるとまあまあの数字だと思っています」と語っている。

椛島は続けて、「圧力」で二校が採択をとりやめたと主張。「検定の際の圧力もさることながら、採択段階でも目に余る圧力がありました。労組などから問い合わせという名の嫌がらせがあり、マスコミからは取材という名の圧力」があったという。「戦後体制、いわゆる東京裁判史観からの脱却が全然できていないことが大きい問題としてある」と総括している。

教科書関係者によると、『新編日本史』は一九七〇年代から八〇年代の教科書正常化運動の集大成という意味があったという。だが、新規参入に対する壁は厚く、成功というにはほど遠かった。結局、保守系の教科書づくりがある程度の数字をはじき出せるようになるには、それから二〇年以上の時間を要したことになる。

二〇一五年一〇月末、育鵬社版の編集を支援する「教科書改善の会」「日本教育再生機構」が共催する採択報告集会が東京・六本木で聞かれた。機構理事長の麗澤大教授、八木秀次は「長い教科書正常化運動が、ようやく一つの結果を出せたとも言える。もちろん通過点にすぎない。（この教科書が）主流になるまで運動を紡いでいかなければなりません」とあいさつした。

育鵬社版歴史教科書の編集会議座長を務める東大名誉教授（日本近代政治史）、伊藤隆（八四）は「まだ九〇％以上は偏向した歴史認識をもった教科書ということも事実。今回の結果でやっとスタート地点に着けたというのが適切でしょう。中韓が歴史認識問題で、世界的に日本包囲網をつくろうとしている。立ち止まることなく、進んでいかねばなりません」と結んだ。

†教育基本法改正運動

「日本を守る国民会議」と「日本会議」の、教育にかかわる取り組みは、かつての教科書づくり、現在の教科書採択運動への参加にとどまらない。本丸ともいえるのが、教育基本法改正運動だった。二〇〇〇年代になってこの問題は大きく動くが、実は八〇年代、自民党は教基法改正のチャンスを逸していたという。

元最高裁長官の三好達《とおる》は二〇一五年まで、日本会議会長を足かけ一五年務めた。現在は名誉会長だ。その三好が日本会議発足一〇年に際し、『正論』（二〇〇七年一一月号）でその間の運動を振り返っている。

「最大の成果は教育基本法改正を成し遂げたことだ」

教育は、日本会議の前身、日本を守る国民会議からの柱のひとつ。教育基本法改正に奔走した一人が、つくる会結成に尽力した教育学者の高橋史朗だった。

首相の私的諮問機関「教育改革国民会議」が二〇〇〇年に設置され、教育基本法改正がテーマになる。高橋はすぐに「新しい教育基本法を求める会」を結成。会長に「ミスター半導体」と呼ばれた当時の岩手県立大学長・西澤潤一（九〇）を担ぎ出し、自らは事務局長に就いた。

その年の九月、西澤と高橋は首相官邸に森喜朗を訪ね、「伝統の尊重と愛国心の育成」「家庭教育の重視」「宗教的情操の涵養と道徳教育の教科化」「教育における行政責任の明確化」「国家と地域社会への奉仕」などを改正法に盛り込むよう訴えた。戦後、断続的に繰り返されてきた基本法改定の試みが、本格的に動き出そうとしていた。

さかのぼること約二年。教育改革国民会議の構想が立ち上がる前の一九九八年夏にこんなことがあった。「求める会」の代表役員の一人で、外交・文教政策に関して歴代首相の指南役ともいわれた末次一郎が、首相に就任したばかりの小渕恵三を訪ねた。末次は椛島らの日青協を黎明期から応援してきた人物だ。

末次は「教育基本法に手をつけられなかった臨時教育審議会を反面教師にすべきだ。人事が大切だ」と基本法改正を強く求め、「教育基本法も憲法も伝統を重んじることを忘れている。まずは改正しやすい教育基本法から国民的議論を起こすべきだ」と訴えた。

†中曽根元首相の悔恨

末次が失敗とみる臨教審は、「戦後政治の総決算」を掲げて登場した首相、中曽根が一九八四年に発足させた。中曽根は自著『自省録』（新潮社、二〇〇四年）の中で、「教育改革をまっとうできなかったのは本当に残念で慚愧の念にたえない」と記している。

中曽根が当初、臨教審会長にと考えたのは元日本興業銀行頭取の中山素平《そへい》。臨時行政調査会（第二臨調）の土光敏夫に匹敵する手腕の持ち主と中曽根は高く評価していた。「財界人をトップにもってこないと成功しない」。教育改革に手をつけた経験があるカナダ首相のマルルーニ、フランス首相のシラクからアドバイスされていた中曽根にとって中山は意中の人物だった。

ところが、「教育分野に詳しくない」と中山に固辞され、会長は京大学長（総長）の岡本道雄に決まった。中曽根は「非常に不本意だったが、時間がなかった」と当時を振り返る。

一九八四年七月一三日の参院本会議。中曽根は社会党議員の質問にこう答えている。

「臨教審設置は憲法改正や教育基本法改正の布石ではないかとのご質問ですが、そのような政治的思惑によるものではありません。今や全国民的に教育改革の声は翕然《きゅうぜん》として起こっております。まさに教育改革の時期に来ている。政府はその責任を果たさんとしているのです」

だが、それは国会答弁での方便にすぎなかった。中曽根は先の著作で、「国会の承認を取るために一応、教育基本法には手をつけないことを約束したが、いざとなったら枠を越えてしまえと私は腹を括っていた」と胸の内を明かしている。

本意を伝えようと、岡本に対して、会長就任時にその話をした。「教育の理念とか哲学から改革をしてほしい。今の教育は教育基本法によって日本のアイデンティティを失っている。臨教審をつくる以上、日本文化を背景にした教育論と国際化、高度情報化時代に対応した教育を打ち立てなければならない」。そう話す中曽根に、「ぜひ、やりましょう」と岡本は共鳴してくれたという。

それでも、教育基本法改正には踏み込めなかった。「結局、大学人の岡本さんは文部省の枠に拘束されて身動きできなくなったのです」（中曽根）

二〇〇〇年に発足した教育改革国民会議（座長・江崎玲於奈（九二）は、そんな中曽根や末次、臨教審関係者の積年の思いと熱量を背景にスタートした。

「求める会」事務局長の高橋史朗は、臨教審第一部会専門委員だった。高橋は月刊『臨教審だより』に、三年の任期を終えた「心残り」を記している。

「ただ一つ心残りなのは、教育基本法について十分な論議を尽くせなかったことである。臨教審の発足の時点から教育基本法は聖域化され、「教育基本法の精神にのっとり」（臨教審設置法第一条）という枠を越えて、二十一世紀の教育の在り方を自由に論議できなかったことは誠に残念なことであった。〝はじめに教育基本法ありき〟という大前提の下で臨教審がスタートしたために、教育基本法問題だけは自由闊達に議論できなかった、という印象が強い」

†「地方から中央へ」がフル回転

臨教審が解散したのは一九八七年八月。そのときから捲土重来を期していたとすれば、教育改革国民会議発足後に、時をおかず「求める会」を立ち上げることができたのも納得がいく。二〇〇三年一月には「新しい教育基本法を求める会」の西澤―高橋コンビをそのまま引き継ぐ形で「民間教育臨調」を設立。〇四年六月には新しい教育基本法の大綱案を発表した。教育の目的として、「伝統と文化の尊重」「愛国心の涵養《かんよう》」「道徳性の育成」の重要性を明記している。高橋はこの日が来るのを待ちわびていたに違いない。

世論喚起をねらった戦術も展開した。地方議会決議の積み重ね、八回の国民集会、三六〇万人超の署名……。元号法制化運動などで磨いた「地方から中央へ」の手法をフル回転させた。私が日本会議を初めて取材したのもこのときだ。

二〇〇四年秋、「教育基本法改正を求める中央国民大会」が東京で開かれた。主催者あいさつの後、「早期改正を求める意見書」が三三都県二三六市区町村の議会で決議されたことが紹介された。地方議会を代表して登壇したのは、決議数が全国で一番多かった熊本県の県議。熊本は日本会議の地方組織が活発で、四三市町村議会で意見書が採択されていた。

熊本県神社庁の建物内にある日本会議熊本を訪ねると、理事長の多久善郎《たくよしお》が対応してくれた。この頃の日本会議地方組織はメディアに対し比較的オープンだった気がする。

多久は言った。「昨春、県と熊本市を通したのが効いた。田舎は「県で上げた」というと、信用度が増す。議員も、国家問題にかかわる意見書採択に携わると、意識が国家と直結して、自分がやればとなるようです」

ノウハウを大っぴらに話せるのも、実績があるからだろう。これまでにも、北朝鮮によるミサイル発射への抗議、国旗国歌法制定と少年法改正の推進などを展開し、中国で開催されたサッカーアジア杯の反日騒動では強力な外交措置を求める意見書採択を、県議会に働きかけた。自民党などに人脈を築き、勉強会を重ねてきたことが、改正教育基本法の早期実現を求める意見書でも威力を発揮した。

「うちの会長名で声明を出しても、あまり効果がないので、議長名で政府に意見書を出してもらう。国民の共感をえて、議会に理解を求める。旧来の右翼運動とは、考え方も運動方法も違います」

ともすれば、尖鋭化した考えと見なされ、捨て置かれかねない自分たちの意見を、議会という民主主義の仕組みを通じ、県民の、国民の世論へと高める、そういう取り組みだと理解した。

取材には理事長のほか、事務局長ら三人が応じてくれたのだが、会員は、小泉訪朝以降、周囲の理解が急速に広がったと口々に語り、運動に手応えを感じているようだった。

二〇〇四年に大学を卒業したという若手職員は「ノンポリの兄でさえ、靖国などで、中国に何で言われなくちゃいけないんだ、と普通の感覚をもつようになった。拉致、サッカーアジア杯の騒動で、国民の意識は変わりつつあると実感しています」

この若手職員は大学時代に、日本文化を学ぶサークルで保守的な思想に触れ、運動に飛び込んだ。学生時代に催した拉致に関する講演会の参加者は約五〇人だったのに、いまはその倍だ。社会の関心の高まりを実感していると語っていた。

それを受けて事務局長の女性は、「少年犯罪の多さも契機になった。戦後の、日教組の教育がいかに日本を悪くしたか、そう感じる人々が増えました」

そして、丁寧な口調ながら、朝日新聞などの論調を厳しく批判した。

「いまの日本が左に傾きすぎているから、私たち中道が右翼といわれる。国を愛する気持ちを語るほど、右翼だという。当たり前のことを話すと、ナショナリズムだという。国を愛せないのなら、何で日本に住んでいるんですか？」

ちなみに朝日新聞社は思想集団じゃないので、とクギを刺すと、「そんなことないでしょう！　みんな共産党員だと思っていますよ！」。トーンが突然あがった。

その一方で、自らへのレッテル貼りには反論した。「右翼」「ナショナリスト」に強い違和感をおぼえるという。

「右翼といわれるのはイヤ。黒い車に乗って、あの人たち、何って思っていましたから」（女性会員）、「ナショナリストと呼ばれると、反論したくなる。愛国者というのなら、ほめ言葉なので問題ないです」（男性職員）

民主主義のルールに従い、議会に理解を求める地道な運動なのに、「右翼」のレッテルをはられてはたまらない、街宣車に乗った右翼団体の参加は、国民の共感を得るうえで障害にこそなれ、プラスにはならない、と解説する賛同者もいる。

彼らの会話にはかなりの頻度で〝普通〟〝当たり前〟〝常識〟といったフレーズが飛び交う。普通の人が常識で考えて、当たり前のこととしてする運動、とことさらに強調しているような印象をそのときもった覚えがある。

†萩生田光一の解説

教育基本法は二〇〇六年一二月に全面的に改正された。このときまで、一度も改正されたことはなく、一八条からなる改正法には「伝統と文化を尊重」、「道徳心」、「家庭教育」などが盛り込まれ、日本会議関係者は運動の成果を喜んだ。

法改正にあたった当時の日本会議国会議員懇談会事務局長、萩生田《はぎうだ》光一(五三)は機関誌『祖国と青年』(二〇〇七年二月号)で、「旧基本法の前文は個人の尊厳を重んじ、個性ゆたかな文化の創造をめざすと、個人主義的傾向の強いものでしたが、新基本法はそこに、公共の精神を尊び、伝統を継承し、といった価値を新たに盛り込みました」と改正のポイントを説明。「今回の法改正で、過剰な個人主義を是正する動きが起こってくるのではないかと思います」と今後を展望している。

ただし、満点ではなかったようだ。

日本会議が重点項目とした次の三点は、文言としては盛り込めなかった。①「国を愛する態度」は「国を愛する心」とし、②「宗教的情操の涵養《かんよう》」を明記、③「教育は、不当な支配に服することなく」の「不当な支配」は削除――だ。

それでも国会審議で、首相や文科相から「国を愛する態度と心は一体として養われる」「宗教的態度の涵養は必要」「法律に基づく教育行政は不当な支配に当たらない」などの答弁を引き出し、巻き返しを果たした。

前出の萩生田は「『不当な支配に服することなく』という文言は、日教組をはじめとする一部の教員による、学習指導要領や国旗・国歌法などに反対する組合活動の根拠として悪用されてきましたが、新基本法では、教職員らに法を守ることを求める規定が付されました。今後、さらに地方教育行政法、学校教育法、教職員法などできめ細かく決め、彼らの都合のよい解釈で学校で政治活動をすることは絶対に許してはなりません」とし、さらに、国家の教育行政に対する責任が明示されたことを指摘。「国が指導・助言などに制限されずに、問題がある学校には命令でき、ダメな先生は教育現場から排除できるような枠組みをつくらなければならない」と結んだ。

†「まず国民意識を立て直す」

なぜ日本会議は教育問題に力を入れるのか。三好達は『正論』(二〇〇七年一一月号)に掲載された前出の論考で、日本の現状認識と改憲戦略を明かしている。

「私の持論ですが、今の日本人のままでは適正な憲法改正はできない。戦後の日本人がどういう教育を受けてきたかと言えば、「国家は個と対立する存在、悪である。個は絶対に尊重されなければならない」と教えられてきている。自分の懐は考えるけれども、国家のあり方、国の体制、国防といった問題を一切考えない国民が増えてしまっている」

「そういう国民意識のままで憲法改正を行ったら、ろくな改正ができません。だから、まず教育基本法を改正し、国民意識を立て直した上で憲法改正に臨むべきだと考えてきました。新教育基本法に基づいた国民教育を充実し、本当に日本国にふさわしい憲法改正案を作成できる世論を形成していくことが重要となってくるのです」

愛国心や伝統の尊重、公共の精神。それらを謳った改正法に基づいて、道徳、国語、歴史教育をしっかりと受けた国民を増やしていき、これまでと同様、草の根の国民運動の輪を広げていく地道な活動が必要だとも付け加えている。

日本会議の会長は、初代に就任予定だった作曲家の黛敏郎が急逝。ワコール会長の塚本幸一、日本商工会議所会頭の稲葉興作《こうさく》に引き継がれた。三好が会長になったのは二〇〇一年一二月のこと。前出『正論』によると、塚本が死去したため、一九九八年一〇月段階で一度、会長就任の話があった。その時は、「まだ退官して一年しか経っていない。裁判官として中立公正な立場で仕事をしてきた者として、国民運動の団体に関与することは差し控えたい」と断った。

その後、稲葉が会長に就いたが、辞任し、二〇〇一年秋にもう一度会長就任の要請があったという。そのとき応諾したのは「二〇〇一年一二月、愛子内親王《ないしんのう》殿下がお生まれになり、皇居前広場でお祝いの集いがあり、世話人代表を引き受けたこともあって、日本会議会長に就任した」と経緯を語っている。

†元最高裁長官、三好達の思想

戦後の司法出身者と右派国民運動のつながりは、実は弱くない。最高裁長官を辞したあと、「英霊にこたえる会」会長や「元号法制化実現国民会議」議長に就いた石田和外《かずと》。「こたえる会」の会長を石田から継いだ元検事総長、井本台吉《だいきち》の例もある。裁判官時代の三好を知る元最高裁判事の弁護士は、「言い出したら聞かない人。日本会議と聞いて、驚きもしなかった。なるほどねえ、と」と感想を口にする。

さらに、「三好さんは海軍兵学校出身でしたよね。軍隊経験者で戦後、反戦に向かった人と、ますます好戦的になった人がいるとすれば、三好さんは後者。裁判官になる人は保守傾向が強いと私は思うが、あの人ほど、ずっと右側を維持した裁判官も珍しい」

三好の思想の一端を示す裁判がある。一九九七年四月の「愛媛玉串料《たまぐしりょう》訴訟」上告審だ。愛媛県が靖国神社に納めた玉ぐし料などを公費で負担したのは政教分離を定めた憲法に違反するとして、住民が当時の県知事らを相手取り、支出した金を賠償するよう県に求めた裁判だった。

判決では一三人の裁判官が違憲と判断。「公費支出は憲法が禁止した宗教的活動に当たる」という初めての判断を示した。そのうえで、合憲判断に立って請求を退けた二審判決を破棄し、改めて一六万六〇〇〇円の支払いを前知事に命じる逆転判決を言い渡した。

裁判長の三好ら二人は合憲と判断、反対意見を明らかにした。

三好の見解はまさに日本会議中枢の主張そのものだ。判決理由として、「祖国や同胞を守るために一命を捧げた戦没者を追悼し、慰霊することは国民一般としての当然の行為である。国や自治体の長が戦没者を手厚く追悼するのは当然の礼儀、道義上の義務である」「多くの国民意識では、靖国神社や護国神社は戦没者を追悼、慰霊する中心的施設である。戦没者すべての御霊を象徴するものは靖国神社以外に存在しない」と述べた。

また、「わが国では一般に特定の宗教にこだわる意識は希薄で、他に寛容である。特定の宗教のみに深い信仰をもつ人々にも、戦没者慰霊のような問題につき、ある程度の寛容さが求められる」とした。「信教の自由」を語るうえで、少数者の信仰を多数者が尊重することを「寛容」というのではないか。「少数者こそ寛容であれ」と言わんばかりの主張は、およそ信教の自由が保障された寛容な社会とはほど遠い。古い時代の統治者のような発想に驚く。

三好の座右の銘は「人は生まれながらにして義務を負う」だという。

月刊誌『致知《ちち》』（二〇一〇年一二月号）のインタビューにはこう語っている。

「フランス革命のスローガンは「人は生まれながらにして自由である」ですが、あくまでも革命の指導原理です。自由は大切ですが、人間は誰でも、天地自然の理から生じる義務を負っています」「天地自然の理は二つ。一つは人は必ず死ぬということ。もう一つは人間は一人では生きていけないということ。人はこの二つによって生かしていただいている。そこに人の踏むべき道、人の義務の基礎があります」

いまの日本は、人として果たすべき義務を果たさず、自分の権利ばかり声高に主張する、自分勝手至上主義というべき風潮が蔓延している。これは個の尊厳を強調しすぎた戦後教育によるものだという。

全否定はしない。ただし、基本的人権すら揺るがしかねない強いこだわりのようなものが垣間見えるところが怖い。

明治憲法は第二八条で、「日本臣民ハ安寧秩序ヲ妨ケス及臣民タルノ義務ニ背カサル限ニ於テ信教ノ自由ヲ有ス」と信教の自由を認めていた。ただし、「神社は宗教に非《あら》ず」という理屈で、神社参拝は臣民の義務とされた。「国家神道」以外の諸宗教は冷遇され、圧迫・弾圧された宗教も少なくなかった。戦後の日本人がその反省に立ち、厳格とも言われる政教分離原則を守ってきた歴史はやはり重い。

第五章

靖国神社「国家護持」

†「参拝する会」と「天皇ご親拝」

二〇一六年一〇月一八日、秋季例大祭中の東京・九段の靖国神社。「みんなで靖国神社に参拝する国会議員の会」の議員八五名が訪れた。このうち安倍内閣の副大臣は一名、政務官は四名。党別に見ると、自民党は選対委員長の古屋圭司ら七二名、民進党は五名、日本維新の会は二名、日本のこころを大切にする党は三名、無所属が三名だった。

会長の尾辻秀久（七六）は、首相が参拝しなかったことを聞かれると、「諸外国との関係を考えて、総理がそのほうが良いという判断をされたなら、亡くなっていった方々はそれなりに理解をなさるだろう。ただ、そういうことであれば、そのことを総理にも率直に語っていただく方がよいと思う。あえて言わせていただくと、参拝できないことが、「痛恨の極み」だとかおっしゃると、何か違うのではないかと思う」と述べた。

参拝する会は一九八一年に発足した。立ち上げに奔走して事務局長に就いたのが、「生長の家」出身で前年に参院議員に当選したばかりの村上正邦だった。現在の運動に対し、「首相の参拝は海外の反発を招くだけ。天皇御親拝こそ真の目標であり、その障害となることは自粛した方がいい」「三〇年以上やって前進しなかったんだから、違う方法を考えないといけないなあ」と否定的な村上だが、当時は首相の公式参拝を実現したい、膠着《こうちゃく》した状況を打開したい、「天皇ご親拝」につなげたい一心だったという。

昭和天皇は、戦前は年に二回程度、新たな戦死者を祀る臨時大祭などの際に靖国に参拝していた。戦後も八回にわたる参拝の記録があるが、連合国軍総司令部（GHQ）が一九四五年一二月、国による神道の保護の中止などを命じた神道指令を出した後、占領が終わるまでの約六年半は一度も参拝しなかった。五二年一〇月に参拝を再開するが、その後、七五年一一月を最後に参拝は途絶えていた。

†靖国神社「国家護持」

「参拝する会」に至る前段階で、日本遺族会や神社本庁、靖国神社、生長の家、国柱会、右翼団体などが熱心に取り組んできた「靖国神社国家護持運動」という活動があった。

戦前の神道は非宗教的な国民道徳とされた。靖国神社は国家神道の中心的な施設で、陸・海軍が管理し、合祀対象者も軍が選定、最終的には天皇が決定した。ところが、敗戦によって、神社の位置づけが大きく変わった。靖国神社を「戦争遂行を担った重要な国家機関」とみなした連合国軍総司令部（GHQ）は、靖国を一宗教法人とし、新憲法は政治から宗教を切り離した。

これに強く反発したのが、靖国神社や日本遺族会などだった。「靖国はふつうの神社ではなく、国に命をささげた戦没者を神として祀る神社である」と主張。一九五二年に日本が独立を回復すると、靖国神社の慰霊行事への国費支出を求めて動き出した。運動は、靖国を国の管理下に置いて戦没者の慰霊・顕彰を行う「国家護持」へと発展していく。

署名活動や地方議会での決議といった運動が繰り広げられ、自民党は一九六四年、「靖国神社国家護持小委員会」を立ち上げる。一例を挙げると、「靖国神社の申し出を前提に特殊法人に引き継ぎ、国の責任で殉国者の英霊を護持する」など、さまざまな構想が出され、自民党は六九年に「靖国神社法案」を初提出。以後毎年、計五回提出したものの、野党や宗教団体の猛烈な反対で七四年に法案成立を断念している。その間、推進する立場の「靖国」「右翼」「遺族会」の間でも、靖国から宗教性を取り除くことを認めるべきか否かで意見がわれ、収拾がつかない状態に陥っていた。

局面を打開すべく登場したのが、一九七六年に日本遺族会などが中心に結成した「英霊にこたえる会」だった。同会は、国家護持運動が「国家管理一本槍」で運動自体が暗礁に乗り上げてしまったことを教訓に、「首相らの公式参拝」を前面に押し立てて、実質的な「国家護持」を実現させようとする迂回戦術に方針を転換。これも、立正佼成会などの新日本宗教団体連合会（新宗連）やキリスト教団体などが、「政教分離の原則に違反し、信教の自由を骨抜きにする」と主張、猛反発を受ける。

一九八〇年には、鈴木善幸内閣が野党の追及に対し、「公式参拝は違憲の疑いを否定できない」との政府統一見解を発表。先述の村上正邦ら、靖国国家護持・公式参拝を推進する立場からすると、袋小路に迷い込んだような心境だったようだ。

「とにかくあの頃はね、靖国っていうと、同僚はみんなすくんじゃってね」。そう話す村上は、自らが属する生長の家教団が靖国神社の国家護持・公式参拝に積極的に賛成していたため、首相の公式参拝を求める運動に、後顧の憂いなくのめりこめた。だが、公式参拝に反対の立正佼成会などから支援を受けていた議員たちは「靖国」に一様に及び腰だったという。

†村上正邦と「タカ派の総帥」

一九六〇〜七〇年代の靖国神社国家護持運動の高揚に対する反動として、労働組合や宗教団体からは、靖国が戦前に果たした「役割」をどう見るかという問いが強く押し出されるようになった。「国民精神総動員」運動の下、国のために戦死して靖国に祀られることを最高の道徳的行為とし、国民を戦争へ駆り立てた負の歴史に光を当てるべきではないか。保革が対立する政治状況の中で、そんな問いかけがなされ、戦没者追悼の問題は、戦争をどう反省するかという問題に変質していった。

こうした中で、村上正邦が糾合した同僚議員の間で同意できる一致点としてたどり着いたのが、「みんなで参拝」だった。日本遺族会事務局長で参院議員だった板垣正（九二）らと話し合い、バランス感覚にたけた後の首相・竹下登を会長に担ぎ出すことに成功。一九八一年三月に結成し、翌月の春季例大祭には約二〇〇人の集団参拝にこぎつけた。

ハイヤーやバスを連ねてかけつけたのは、竹下のほか、翌年首相になる行政管理庁長官の中曽根、経済企画庁長官の河本敏夫、外相の伊東正義ら。国会議員が大挙して参拝するのは戦後初めてのこととあって、要人参拝口にある控室には長机の上に八冊の記帳簿が並べられたという。

その時、村上と共闘したのが、先に述べた「英霊にこたえる会」だった。村上らの「参拝する会」が結成された時には、すでに「こたえる会」の会長は元検事総長の井本台吉に代わっていたが、初代会長は元最高裁長官、石田和外《かずと》だった。石田は一九七八年結成の元号法制化実現国民会議でも議長を務めた人物で、日本会議前史の立役者の一人だった。

機関誌『英霊にこたえる会たより』（一九七七年三月二五日刊）によると、一九七六年六月に九段会館で開かれた結成大会で、石田は就任の理由をこう語っている。

「最高裁長官を退職後、天地自然のふところで静かに暮らすことを望んでいた。しかし、今般、「英霊にこたえる会」の結成にあたり、会長就任の勧誘を受けた。私は「英霊」という言葉を聞いた瞬間、ハッとした。国のために尊い生命を捧げられた方たちのことを、ややもすると忘れていた。英霊に関することならお引き受けし、微力を尽くさねばならないと決意した」

石田は一九〇三年、福井市生まれ。東大卒業後、裁判官となり、戦後、最高裁人事局長、事務総長などをへて六三年から最高裁判事、六九年一月から七三年五月まで最高裁長官を務めた。長官時代、議憲運動を展開した青年法律家協会（青法協）への裁判官の加入に厳しい姿勢を打ち出し、司法行政の激動期を生んだほか、裁判面でも官公労争議に関する判例を労働者にとって厳しい内容に変更するなどし、「タカ派の総帥」とも「信念の人」とも呼ばれた。

青法協問題が論議となった一九七〇年、憲法記念日の会見で「極端な軍国主義者や無政府主義者、はっきりした共産主義者は裁判官として活動するには限界がある。裁判は全人格的な判断であり、裁判官が自分の思想と裁判とを切り離すような器用なことはできない」などと発言。学者グループが石田の罷免訴追を請求するなど大騒ぎとなった（不訴追で決着）。そして、翌年には青法協メンバーの熊本地裁判事補、宮本康昭（八一）の再任拒否に発展している。

退官後も剛腕ぶりは変わらなかった。最高裁長官を務めた人物は、退官後は一線の活動を控えるのが通例だったが、石田は前例を破り、国論の割れる「靖国」「元号」で活動。最高裁当局も、元長官のイデオロギー色の強い言動に戸惑うほどだったという。

石田は一九七九年五月に急逝する少し前の四月二〇日、九段会館で開かれた「こたえる会」総会に出席、元気な姿を見せている。『こたえる会たより』（一九七九年七月一日刊）によると、冒頭のあいさつで東京裁判にふれ、「私は裁判官ですが、ああいうものは正しい意味の裁判でも何でもありません。戦いに勝った国が負けた国の人々に、裁判という形で、戦争のすべての責任を押しつけたものにすぎません」とし、「戦争犯罪人という言葉を使っていますが、日本人からみれば犯罪どころか、その時におられた方々、裁判にかかった人たちの心中を察しなければならないのです」と持論を展開した。

†A級戦犯合祀の実行者

奇しくもこの総会が開かれたのは、新聞各紙が「靖国神社がA級戦犯一四人を合祀」と報じた翌日のことだった。司法界の「タカ派の総師」が、靖国神社の国家護持を求めた運動の後継団体のトップに立っているわけで、東京裁判批判をしても不思議ではないが、じつは当時の石田は靖国神社の宮司人事に関与し、合祀を実行した松平永芳《ながよし》を宮司に、と強く推していた。

ならば宮司はどんな人物だったのか。

松平は幕末四賢侯《しけんこう》の一人、福井藩主松平慶永《よしなが》（春嶽）の孫。終戦直後に宮内大臣だった松平慶民《よしたみ》の長男として一九一五年に東京で生まれ、暁星中学から海軍機関学校に入った。中学時代に約一年間、父と同郷で親しかった東大教授、平泉澄の家に住み込み、影響を受けた。平泉は皇国史観の中心人物だった。

松平は一九三七年に機関学校を卒業。大戦中は駆逐艦の機関長、サイゴンの根拠地隊参謀を務め、少佐で終戦を迎えている。戦後は、陸上自衛隊の前身である保安隊に入隊。海軍士官の松平が陸上部隊に入ったのは、いざというときに皇居を守るためだったという。

一九六八年、一佐で定年退官。福井市立郷土歴史博物館長をへて、靖国の宮司となった。

教育学者の高橋史朗らとの座談会（『靖國神社――創立百二十年記念特集』新人物往来社）で松平本人が語ったところによると、靖国の宮司になる前から、東京裁判を否定しない限り日本の精神復興はできないという考えをずっともっていたという。最終的に宮司就任を決心する前に、就任するよう説得に努めていた石田にその考えを伝え、いわゆるA級戦犯の方々も祀るべきだと話したところ、「国際法その他から考えて当然祀ってしかるべきものだと思う」と明言したという。

一九七八年七月に宮司となると、間髪入れず一〇月の合祀祭で、戦争指導者一四人を「昭和殉難者」として合祀した。死刑となった東條英機、板垣征四郎、土肥原《どいはら》賢二、松井石根《いわね》、木村兵太郎、武藤章、広田弘毅、終身刑・獄死の平沼騏一郎《きいちろう》、小磯国昭、白鳥敏夫、梅津美治郎《よしじろう》、禁固二〇年・獄死の東郷茂徳《しげのり》、判決前に病死した松岡洋右《ようすけ》、永野修身《おさみ》である。

松平によるA級戦犯合祀は、保守層を分断するほどの劇薬だった。当時、靖国神社をめぐる対立は国内問題だった。国家護持や閣僚らの公式参拝しかり、玉串料しかりで、憲法の定める「政教分離原則」「信教の自由」に抵触しないためのあの手この手が、自民党を中心に考えられていた。それが、松平が宮司の職にあった一四年間（一九七八〜九二年）で一変する。靖国は外交という厄介な問題まで抱え込むことになった。

†タカ派の重鎮、奥野誠亮

靖国問題や歴史認識問題を語るうえで欠かせない人物が、二〇一六年一一月一六日に亡くなった。自民党タカ派の重鎮だった奥野誠亮《せいすけ》。享年一〇三だった。靖国公式参拝の方策を練った知恵袋であり、自らも歴史認識をめぐり舌禍事件の当事者となるなど、行動は常に確信犯的にみえた。

奈良県御所《ごせ》市の政治家一家の四男として生まれた。戦前からの内務官僚で、赴任先の鹿児島県では特高課長の任にあった。戦後の一時期、内務省にいた中曽根は、後輩にあたる。一九六三年、自治省事務次官をへて政治家に転身。衆院議員を一三期務め、文相や法相を歴任。国土庁長官だった八八年五月の衆院決算委員会で「日本に中国侵略の意図はなかった」などと発言し、責任を問われ、長官を辞任した。

「これでいいのか日本！　奥野発言を支持する国民集会」。こんな横断幕を急ごしらえで掲げ、集会を開いたのが、「日本を守る国民会議」「英霊にこたえる会」だった。『祖国と青年』（一九八八年四月号）にその集会の模様が記されている。運営委員長で作曲家の黛敏郎は、奥野が靖国神社についても「誰を祀《まつ》るかは靖国が決める」と発言したことを挙げて「まったくの正論で、批判の余地はない」と擁護。「マスコミが書き立てて外圧を誘致し、その外圧を言いがかりに野党が審議を拒否するというのは、民主主義への挑戦だ」と結んだ。

また、近代史研究家で独協大教授の中村粲《あきら》は「日本に侵略意図がなかったことは明らかです。政府は最後まで不拡大方針を貫いた、とされた先生のご発言は全く正しい」と指摘。さらに、奥野が盧溝橋事件は偶発的事件だったとしたことについて、「盧溝橋事件には三説ある。中国謀略説、日本軍謀略説、偶発説です。中国は日本軍謀略説をとっており、反発したわけですが、日本の教科書はいずれも偶発説です。文部省の基本見解を話したのになぜ問題になるのか、まったく理解できません」

会場は奥野擁護一色の様相になった。奥野は「みんなで靖国神社に参拝する国会議員の会」元会長。自民党靖国神社問題小委員長も務め、首相や閣僚の靖国参拝は「合憲」との見解を一九八四年に出して、中曽根の公式参拝に道を開いた。黛たちにとっては同志であり、先達なのだ。

奥野も集会に登場し、「国会運営を配慮した上での辞任であり、発言が誤っていたからではない」として、自らの発言の正当性を訴えたうえで、歴史の見直しの必要性を説いた。「政治に携わる者が努力すべきは、靖国神社に対する国民の理解を広げていかねばならないということです。そして、今の日本で大切なことは、いわゆる東京裁判史観からの脱却です。そうしなければ、若者たちがいたずらに自虐の精神で、日本が悪かったとばかり思い込む。そんな気持ちのままで日本の発展に心を砕いていけるでしょうか」

奥野が辞任した年の夏、国民会議は東京裁判史観の払拭を目的とするキャラバンを全国に走らせた。国民会議と英霊にこたえる会がつくったドキュメント映画『靖国のこころ―英霊いま生きてあり』（黛敏郎監修）を行く先々で上映。「外圧に屈している現状に不満をもつ人々がたくさん訪れた」と『祖国と青年』（一九八八年一〇月号）は記す。

靖国が外交問題化していなかった一九八〇年代前半のことだ。自民党靖国神社問題小委員会の小委員長、奥野誠亮は八〇年の政府統一見解「公式参拝は違憲の疑いを否定できない」を覆すべく、党内世論のとりまとめに奔走していた。中曽根が八三年七月、自民党に対し、「靖国神社公式参拝合憲論」の根拠を探るよう指示。それを受けてのことだった。

自民党は一九八四年四月、奥野らの小委員会がまとめた「閣僚の靖国神社公式参拝は合憲」との見解を党議決定し、政府に対し公式参拝の早期実現を求めた。

自民党の見解では、政教分離をめぐる初の最高裁判決として注目された津地鎮祭訴訟などを参考にしながら理論武装を試み、「国事に殉じた人たちを、国家が手厚くとむらって、公務員が慰霊参拝するのは不当なことではない」とした。「神道指令は、神道は国家主義の淵源をなし、国民を団結させる魔力をもつものとして、その排除を企図された。独立した今日、神道指令が効力を失っていることは言うまでもないが、占領政策の洗脳から自己を取り戻して考えていくことが必要な時代を迎えている」などと訴えた。

その後、官房長官の藤波孝生《たかお》が、私的諮問機関「閣僚の靖国神社参拝問題に関する懇談会」（靖国懇）をつくり、一年にわたって公式参拝の是非を検討。報告書は、政府が「大方の国民感情や遺族の心情」をくみ、憲法が規定する政教分離原則の趣旨に反することなく、国民の多数に支持され受け入れられる形で首相や閣僚の靖国神社への公式参拝を実施する方途を検討すべきだとし、公式参拝の適切な方式での実現を促した。

†外交問題になった靖国参拝

中曽根は一九八五年の終戦記念日に「公式参拝」に踏み切る。「宗教と過度の癒着」をもたらさないよう工夫を求めた靖国懇の報告書に従い、神式のお祓いを受けない、正式な拝礼をしないなど、宗教性を打ち消す姿勢は見せたものの、野党はもちろんのこと、靖国神社側からも大ブーイングがあがった。

後年、奥野が『朝日新聞』(二〇〇二年一月六日付奈良版)で後日談を披露している。「結局、靖国神社方式によらない参拝をすれば合憲だ、ということになった。神式のお祓いを受けずに、正面から上がって一礼して引き下がると。当時の宮司さんは私にこぼしていたよ。神社は潔白を重んじますから、お祓いをしないで神社に上がらせることは、土足で参拝させるようなものなんだそうです」

首相の靖国参拝に対して、中国や韓国などのアジア近隣諸国が一斉に非難の声を上げるようになったのは、この公式参拝がきっかけだった。

神社がA級戦犯を合祀していたことと併せ、戦争被害を受けた近隣アジア諸国には「侵略戦争への反省の欠如」と受け止められ、靖国問題は国際問題として表面化した。

特に中国の反発は強かった。「中国侵略は一部の軍国主義者によるもので、日本の一般国民も被害者だった」との考え方に立って、日本との国交正常化を進めた中国側にとって、友好の論理をないがしろにされたという怒りは大きかった。

中曽根は、中国や韓国からの強い反発をうけ、以後は参拝を見送った。

「中曽根さんの参拝中止は深い禍根を後世に残した点で、その罪は万死に値します」

日本会議副会長の東大名誉教授、小堀桂一郎は後年、『月刊日本』（二〇〇五年一月号）でこう語っている。首相の公式参拝は中曽根が初めてではなく、終戦記念日の首相の参拝ということであれば一九七五年の三木武夫以来、ほぼ毎年続けられてきた慣行だという。

「中曽根さんは大東亜戦争停戦四〇年という記念すべき年である一九八五年八月一五日には閣議決定を踏まえ、「内閣総理大臣としての資格で」と官房長官談話を発表して、公式参拝し、ひとかどの気骨を見せました。しかし、その後の不慮の外交問題の対処を誤ってしまいました。このことが、爾来《じらい》今日まで続く「靖国問題」を招く原因になったのです」

と批判したのである。

当然のことながら、当時から、遺族会などを中心に中曽根への失望感はとても大きかった。

「こたえる会」は翌八六年五月、首相の公式参拝を定着させることを求める声明を発表している。「政府は中国首脳の「中国人民の感情を傷つける云々」の言辞にとらわれ、わが国の国民感情をないがしろにすることは独立国家としてのとるべき道ではない」「今回の干渉内容は、わが国の美風である自然崇拝、祖先崇拝に基づく民族的霊魂信仰を知らない中国側が、わが国に対し独善的に公式参拝中止を強要するもので、断固として排撃するものである」

一九八七年八月一五日、靖国神社。「こたえる会」と「日本を守る国民会議」は初の共催で「戦没者追悼中央国民集会」を開いた。こたえる会会長の元検事総長・井本台吉は「首相が昨年同様、本日も参拝しないのは、為政者自身が誤れる東京裁判史観から脱却していないことに起因している。私どもは次代に正しい史観を継承する義務があり、日本の心の回復の上に公式参拝の定着化が推進される」とあいさつ。

国民会議運営委員長を務める黛敏郎は「大東亜戦争は侵略戦争ではない。占領政策が推し進めた日本の文化・伝統の破壊、祖国愛の削奪、東京裁判が植えつけた罪の意識が、今日も日本を覆っている。英霊はこのことを許されるだろうか」と批判した。

†靖国参拝の「仕掛け人」、日本会議

その後、一九九六年七月、橋本龍太郎首相が自身の誕生日に「私的立場」で参拝。「内

閣総理大臣」と記帳したため、再び批判を受けた。それから首相参拝はしばらく途絶えたが、二〇〇一年、「八月一五日に参拝する」と自民党総裁選で公約した小泉純一郎（七五）が首相に就くと、参拝運動は久々に勢いづく。

二〇〇一年七月中旬、日本会議が呼びかけて、「小泉首相の靖国神社参拝を支持する国民の会」（代表発起人・小堀桂一郎）が結成された。約五〇〇〇人の賛同者をあつめ、『産経新聞』（二〇〇一年八月三日付朝刊）に見開き二ページの意見広告が掲載された。「小泉首相の靖国神社参拝、国民は本当に喜んでいます」と大見出しをうち、「八月十五日には小泉首相と共に靖国神社に参拝しましょう」と、脇見出しで読者に呼びかけた。

けっきょく参拝が行われたのは八月一三日で、公約通り八月一五日の参拝を求める人々からは不満の声も上がったが、「終戦六〇年」の二〇〇五年にはふたたび盛り上がりをみせた。この時も世論喚起の「仕掛け人」は日本会議だった。

日本会議事務総局に事務局がある「みんなで靖国神社に参拝する国民の会」はその夏、「一〇万靖国神社参拝運動」を提唱。境内を参拝者で満たし、「靖国こそ慰霊追悼の中心施設であることを内外に示す」と趣意書は記した。

このとき、国民の会は産経新聞と読売新聞にそれぞれ意見広告を出している。

「靖国神社に行けば、幕末・明治維新から先の大戦まで、国に尽くした先人達に出会えます」というのである。こうした呼びかけが奏功したのか、二〇万五〇〇〇人の人々で埋め尽くされたという。

しかし小泉以降、首相参拝は途絶える。安倍晋三（六二）は第一次政権では参拝せず、二度目の首相就任後の二〇一三年一二月二六日に参拝したが、その後は見送っている。

新宗連の危惧

新日本宗教青年会連盟（新宗連青年会）は二〇一六年八月一四日夕、東京都千代田区の千鳥ケ淵戦没者墓苑で平和祈願式典を開いた。墓苑には、海外で亡くなった無名の兵士らの遺骨約三六万柱が眠る。教義や信条の違いを超えて戦争の犠牲になった人々を慰霊し、「絶対非戦」「平和実現」を誓った。式典は一九六二年から始まり、この日は約二五〇〇人が参列した。

立正佼成会など六四団体でつくる新宗連は、占領下の一九五一年に結成された。加盟団体には戦前、宗教弾圧を受けたり、信仰を圧迫された教団が少なくなく、信教の自由を守ることを運動の中核にすえている。靖国神社国家護持・公式参拝に強く反対し、靖国法案が国会に提出される前年の六八年には、国体護持に反対する論集『靖国神社問題に関する私たちの意見』を刊行した。中曽根の公式参拝前年の八四年には、信教の自由に関する特別委員会編として『信教の自由読本』を、立憲主義の危機が叫ばれた集団的自衛権をめぐる解釈改憲の際には小冊子『信教の自由とは何か。』をつくり、二〇一六年四月からは全国で勉強会を催した。

直近の小冊子について言えば、歴代内閣が堅持してきた憲法解釈が一内閣の判断で変更できてしまうなら、たとえば思想・良心の自由（日本国憲法一九条）、信教の自由（二〇条）、集会・結社の自由（二一条）など、他の条文にもそうした憲法解釈の変更が及ぶ恐れがあり、小冊子の作成に踏み切ったという。

巻末の「発刊にあたって」では、信教の自由をめぐる懸念材料として、二〇一二年四月に自民党が決めた改憲草案と、安全保障関連法成立を挙げている。

「自民党の憲法改正草案の二〇条では、国や自治体が「宗教的活動をしてはならない」としつつも、「社会的儀礼又は習俗的行為の範囲を超えないものについては、この限りでない」と新たな一文が盛り込まれた」「正規の憲法改正手続きをへず、政府による「解釈改憲」で国の基本政策が大きく変えられ、立憲主義は根底から揺るがされようとしている」と指摘。政教分離なき信教の自由は空文化するというのである。

新宗連のような取り組みが根気強く続けられる一方で、首相が靖国神社を公式参拝できない理由は、中韓による反発という外交問題にその重点が次第に移った。摩擦を避けるには、A級戦犯の合祀を取り下げればいいという議論が力をもつようになり、一九八五年以来、政財界のブレーンだった瀬島龍三らが遺族を説得してきた歴史もある。しかし、A級戦犯を分祀しようと、祭神が誰であろうと、公式参拝となれば「政教分離原則」という古くて新しい憲法問題にぶち当たる。靖国には本来の国内問題が残るのである。

†国立追悼施設構想

「内外の人々がわだかまりなく追悼の誠を捧げるにはどのようにすればよいか、議論する必要がある」。首相となった小泉が初めて靖国を参拝した二〇〇一年八月一三日、そんな談話を出した。この日、初めて、いわゆる無宗教の国立追悼施設の建設構想が、小泉から示された。

官房長官だった福田康夫（八〇）の下に「追悼・平和祈念のための記念碑等施設の在り方を考える懇談会」が設置され、一年にわたる議論の末、「無宗教の国立の戦没者追悼施設が必要」とする提言がまとめられた。だが、自民党内には「靖国神社が形骸化する」として新施設の建設に反対する議論が根強く、小泉も積極的に後押ししようとはしなかったため、提言は宙に浮いたままだ。

日本会議前会長の三好達が、国立追悼施設構想について、前出の『正論』で、反対の立場から語っている。この靖国論もまた興味深い。

報告書が、この施設は個々の死没者を慰霊・顕彰する施設ではないとしたことについて、三好は「結局、慰霊・顕彰を主旨とする靖国神社の排除となる。靖国をなおざりにすることは、戦死すれば靖国神社に手厚く祀られ、永遠に英霊として慰霊され顕彰されると信じて亡くなった方々に対する冒瀆です」との基本認識を示した後、こう続けている。

「もう一つ大事なことは、靖国神社は明治天皇が創建されたわけです。国家として、国事に殉じた方々をないがしろにすることは大御心を踏みにじるもので不遜きわまりない。これが国立追悼施設への根本の反対理由です」

三好が『正論』で持論を述べた二年後、民主党政権下で国立追悼施設構想が再び息を吹き返すと、日本会議政策委員会代表の国学院大名誉教授、大原康男は『産経新聞』(二〇〇九年一〇月二日付朝刊)で、「施設建設の反対理由には事欠かない。何よりも、その動機が中国などの非難をかわすことにあるからだ。とにかく、自国の戦没者を追悼する施設を外国の意向にそって、建設するというような卑屈かつ不名誉なことをした国が他にあるのか」と批判。

「新施設は必ず新たな「わだかまり」となる。靖国には年間六〇〇万人もの参拝客が訪れるが、千鳥ケ淵戦没者墓苑でさえ残念ながら公称でも一五万人にとどまる。まして、このような新施設にどれほどの人が訪れるだろうか」と、その必要性に強い疑問を投げかけた。

自民党が政権を奪還し、安倍内閣が誕生して以降、国立追悼施設構想は動きがとまったように見える。だが、総務会長だった二階俊博（七八）は二〇一四年一〇月下旬、都内で講演し、閣僚の靖国神社参拝が中韓との関係を悪くしていることについて、「もっと解決策を考えないといけない」と述べ、A級戦犯の分祀や国立追悼施設など幅広く検討を進めるべきとの考えを示した。「天皇陛下がご存命のうちに方向づけする知恵が必要だ。戦没者遺族もだんだん年をとっている」

第六章

日本会議、結成

日本会議は一九九七年五月三〇日、「日本を守る国民会議」と「日本を守る会」が統合されてできた。なぜ、この時期に統合する必要があったのだろう。

当時の参院自民党幹事長で、政治家として絶頂期にあった村上正邦はその理由を、一九九〇年代初めの自民党一党支配の崩壊、それによる政治構造の変化に求める。つまり、非自民八党連立政権の細川護煕首相（七九）が先の大戦を侵略戦争だと語り、自社さ政権の村山富市首相（九三）は、戦後五〇年を機に決定版とも言える「村山談話」を発表した。さらに、見落とされがちだが、重要な動機がある。公明党・創価学会の政権参加が、宗教者の危機感をあおり、統合を後押ししたというのである。

†タカ派をまとめた黛の「包擁力」

日本会議が誕生する約二カ月前、一九九七年三月二〇日に東京・明治記念館で開かれた国民会議最後の総会で、議長の黛敏郎は見るからに体調がすぐれない様子で登壇した。黛は保守国民運動の〝顔〟であり、日本会議の初代会長に就任する予定だった。

「私どもが国民会議を結成しましたときには東西対立の激しい時代でありました。幸いにもソ連を中心とする共産主義は崩壊いたしました。今日、国民会議結成時とはまったく違った種類の、予想もしなかった種類の、新しい国の困難というものが始まっています。今

日本会議、その組織概要

「日本を守る国民会議」と「日本を守る会」が1997年に統合して発足

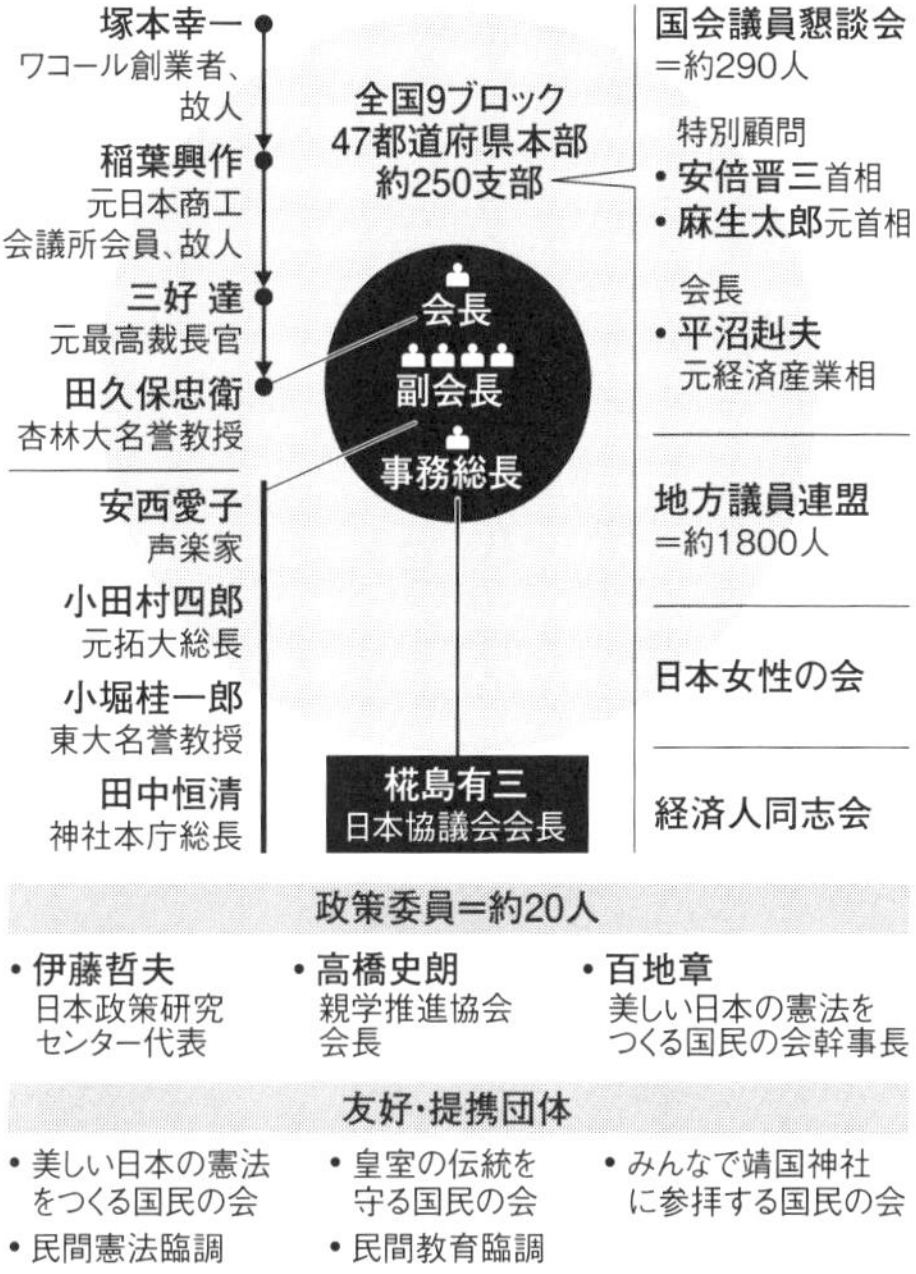

こそ、私どもは国民の声を糾合して、正しい国民世論というものが一体なんなのかということを、新しい力を手にして打ち立てるべきではないかと考える次第でございます」

機関誌『日本の息吹』（一九九七年五月号）によると、続いて、国民会議事務総長の明治神宮権宮司、毛利義就が新組織名、設立宣言、綱領、設立趣意書、六つの基本運動方針を発表した。満場一致で新組織への移行が決まったという。

ところが、黛はその四日後に入院、一九九七年四月一〇日、肝不全のため川崎市内の病院で死去する。

親交があった政治評論家の俵孝太郎（八六）は、「いわゆる愛国団体にはとかく偏狭、独善な臭気がつきまとう。黛氏にはそのようなところが微塵もなかった。黛氏の包容力あふれる人柄なくして、日本を守る国民会議の発展はなかった。いやしくも偏狭、独善の学者や小役人あがりがトップに座って継承することで運動を衰退させてはならない」と、追悼文集『黛敏郎氏を偲んで』（日本を守る国民会議発行）に文章を寄せた。

学生時代から「三人の会」（黛敏郎・團伊《だんい》玖磨《くま》・芥川也寸志《やすし》）の事務所に出入りしていた放送作家出身の永六輔は、六〇年安保を機に「黛さんの思想、政治的な立場は理解できるものではなかった」と疎遠になる。永はデモ隊の側にいた。

だが、永が尺貫法復権運動を始めると、黛から「『題名のない音楽会』で手伝うから出演しなさい」と連絡があり、交流が復活。体調不良で入院した黛に代わって同番組の司会を引き受けたこともあった。「日本の伝統、精神文化を守るということが、改憲・日の丸・君が代になる黛さん。立場が違うのになぜ司会を引き受けたかというと、単純に恩返ししたかった」などと記した追悼手記を『週刊朝日』（一九九七年四月二五日号）に寄せている。

教育勅語の復活は急務であると訴えるなど、タカ派的な主張を振り回しながらも鷹揚で人たらし。黛のそんな人物像が二人の話から伝わってくる。

†日本会議の誕生

運動の顔を失った日本会議だったが、初代会長には黛の盟友、ワコール創業者の塚本幸一が就任、一九九七年五月三〇日、東京のホテルに約一〇〇〇人を集めて設立大会を開いた。発足時の役員は会長の塚本をはじめ、副会長には声楽家の安西愛子（一〇〇）、臨教審専門委員を務めたブリヂストンサイクル元社長の石井公一郎（九三）、神社本庁総長の岡本健治、元行政管理事務次官の小田村四郎、東大名誉教授の小堀桂一郎が就任。顧問には、戦後政財界の参謀役だった瀬島龍三ら。事務総長は椛島。代表委員には、衆院議員を辞職し作家活動に専念していた石原慎太郎（八四）、歌手の三波春夫、漫画家の加藤芳郎、落語家の春風亭柳昇らがその名を連ねた。

日本会議設立の前日には、日本会議国会議員懇談会が一足早く結成されている。それまで元号法制化実現運動や天皇陛下御即位奉祝運動、終戦五〇周年国民運動など、そのときどきのテーマに呼応して議員連盟が結成されてきたが、そのとき発足した議員懇談会は常設で、恒常的に国民運動と連携する超党派組織として運営されることになった。発足時の会長はアンチ創価学会の元文相、島村宜伸《よしのぶ》(八三)、幹事長は現在の会長である平沼赳夫、事務局長に村上正邦の元秘書で参院議員、小山孝雄(七三)が就任。衆参二〇四議員が参加した。

椛島らが学生時代、長崎大学学生協議会という反全学連のサークル連合をつくったことはすでに述べた。その動機となったのは、「一般学生は節操がない」「信じられない」という不信感だったという。ひとたび左翼からアジられると、深く考えることもなく一転して、批判の矛先を自治会執行部の自分たちに向けてくる。いかなる時も、掌《てのひら》返しをすることなく、支えてくれる組織がなかったら闘えない、学園の正常化はありえない。「そこで、僕らは自治会を支え、主張し、必要なときは行動も辞さない組織をつくることにした」という。

一九九〇年代、戦後の五五年体制は崩れ、頼りの自民党は下野してしまう。その間、

「自主憲法制定」の党是を下ろそうとしたり、政権に返り咲いたら社会党首班で、不戦・謝罪決議だという。国会は混沌としている。有権者は日和見だ。ならば、保守を旗印に、信じあえる人々と組織をつくろうじゃないか――。日本会議・日本会議国会議員懇談会結成の動きは、民族派全学連という全国制覇のプランを抱きつつ、その一方で一般学生の節操のなさにあきれ、信頼できる組織づくりに傾注した彼らの学生運動時代と、どこか重なり合って見える。

†細川護熙の「侵略戦争」発言

再び、日本会議結成を後押しした時代背景に話を戻す。一九八九年一一月、ベルリンの壁が崩壊、翌月、東西冷戦が終結した。日本でも政治の対立構造が変化し、九三年八月六日、日本新党代表の細川護熙が自民党総裁の河野洋平（八〇）を抑え、第七九代首相に指名された。自民党が結党以来初めて政権の座を降りることになった。それによって、看過できない新たな問題が、右派陣営に浮上する。細川は同月一〇日の記者会見で、日本の戦争責任に踏み込んだのだ。

細川は日中戦争に始まる先の大戦について、「私自身は侵略戦争であった、間違った戦争であったと認識している」と述べた。自民党政権下では「侵略戦争」と明言することにためらいを示した首相が多く、細川の見解は歴代首相の中で、最も踏み込んだ表現となった。

一九九四年六月二九日、羽田孜《つとむ》の次に首相となったのが、社会党委員長の村山富市だった。村山支持に回ったのは自民、社会、新党さきがけの三党。村山は就任時の所信表明で、「侵略行為や植民地支配などの深い反省」に言及した。三党は連立政権発足時に「国会決議」の実現をめざすことで一致していたため、「戦後五〇年」にあたる一九九五年は歴史認識をめぐる一大政治決戦の年となる流れにあった。

このとき、決議阻止で登場するのは、日本を守る国民会議とタカ派の重鎮、奥野誠亮だ。国民会議の椛島は「終戦五十周年国民委員会」事務局長に就き、反省と謝罪の国会決議を阻止すべく国会請願署名運動を展開。五〇〇万筆を超える署名を集める一方、国会対策として、自民、新進両党に議連の結成を呼びかけた。自民党の「終戦五十周年国会議員連盟」の会長には奥野を、新進党の「正しい歴史を伝える国会議員連盟」会長には小沢辰男を担ぎ出した。

『祖国と青年』(一九九五年四月号)によると、奥野は一九九五年三月、憲政記念館の緊急集会で議連会長としてこんなあいさつをした。

「私たちが戦ったのはアジアを侵略した欧米であり、日本はアジアのどこの国にも戦争を挑んでいない。わが国の独立を守り抜いてくれた先人の労苦に対してなぜ謝らなければならないのか」。新進党の小沢も続いた。「国会の権限外だ。また、不戦決議は自衛権の否定につながる」

主催者を代表してあいさつした国民会議議長の黛敏郎は「占領下に決議された「教育勅語失効決議」を見てもわかるように、国会決議というのは法的にはあいまいだが、それだけにかえって妙な拘束力をもっている。日本の進路に決定的な悪影響を残しかねず、恐ろしいものだ」などと決議阻止を強くアピールした。

†「だまし討ち」の衆院決議

椛島は後日、決議をめぐる攻防について『祖国と青年』(一九九五年七月号)で詳述している。「権力による歴史の塗り替え——自社政権は「革命」政権か」というその論考によると、保守陣営の反対行動の高まりを背景に、自民党執行部との間でも折衝が続き、「わが国の戦争を一方的に断罪する謝罪と反省の国会決議はしない。三党合意の中の「反省」については、人類全体の反省、全世界の国々の戦争行為についての反省と解釈する」(政調会長・加藤紘一)との見解が一九九五年四月下旬、示されるに至ったという。

決議阻止なる! そんな安堵が決議反対派に広がっていったが、一九九五年五月末ごろ、事態は急変する。六月六日には与党三党の決議合意案が決定し、九日、日本の植民地支配、侵略的行為を反省するとの決議が衆院で可決されたのである。

椛島は信義にもとると怒った。衆院決議は「痛恨の極み」だとして、「占領軍が二週間で憲法を押しつけ、また連合国が東京裁判で日本の歴史を断罪した。これらのことと、自社政権が約一〇日間で日本の歴史を断罪する決議文を決定したことはほとんど同じ行為である」「権力によって歴史が塗りかえられる国家は革命国家であり、日本の伝統国家とは根本的に質を異にする」と、怒りをぶつけている。「第二の敗戦だ」というのだ。

衆院決議をめぐり、椛島らから激しい抗議をうけた人物がいる。椛島らの後見人だった村上正邦だ。自民党執行部は、一方的な謝罪・反省決議はしないと言っておきながら、なぜ、実際には決議されてしまったのか。参院自民党幹事長の村上はなぜ阻止できなかったのか。

村上に尋ねると、「政調会長の加藤紘一たちにだまされた」と、苦虫をかみつぶしたような表情で振りかえる。

一九九五年六月六日の夜だった。村上の参院自民党幹事長室には、椛島や国学院大の大原康男など民族派活動家ら約五〇人が詰めかけていた。その時の党幹事長の森喜朗、政調会長の加藤ら党五役は、村上を除いて決議賛成の立場。加藤を中心に文面づくりが進められ、できあがった文案を村上が幹事長室に持ち帰るたび、椛島らが「これは認められない！」と突き返す。その繰り返しだったという。

夜一一時ごろだったろうか。「これでどうです」。加藤が文案を読み上げはじめた。村上が「その紙をくれ」と言っても、「これしかない」と言って加藤は渡さない。仕方なく幹事長室に戻ったら、すでに印刷された文書が配られていた。

「世界の近代史上における植民地支配や侵略的行為に思いをいたし、わが国が過去に行ったこうした行為や他国民とくにアジアの諸国民に与えた苦痛を認識し、深い反省の念を表明する」（傍点、引用者）

村上は言う。「私の知らぬ間に「こうした」が挿入されていたんだ。加藤さんが読み上げたときには絶対に入っていなかった。「こうした」が入ると、日本が植民地支配や侵略的行為をしたと認めることになる。大騒ぎになった」。怒って衆院の自民党役員室にとって返した。誰もいなかった。

「お前は知っていながら、とぼけているんじゃないか」。村上は突き上げられた。

参院自民党幹事長室はたいへんな騒ぎになっていた。村上は「参院では決議させない。了承してほしい」とその場で説明し、怒り狂う民族派をなんとか説得した。

自民党一党支配が崩れ、社会党までが政権についた時代。保守再結集が叫ばれ出し、

「日本を守る国民会議」「日本を守る会」の統合案が、この頃から話し合われるようになった。

†アンチ創価学会のうねり再び

国民運動の保守合同を促した背景にはもう一点、公明党・創価学会の伸長がある。日本会議の結成を椛島から相談された村上正邦に再び確認すると、明快にこう答えた。

「そう、一つには公明党・創価学会対策です。「学会には天下を渡さない」。そういう教団は多かった。創価学会に負けるな、自民党がんばれ、保守は結束しろとね」

創価学会（もともとは創価教育学会）は一九三〇年、奇しくも生長の家と同じ年に立教した。初代会長の牧口常三郎《まきぐちつねさぶろう》は教育者で、戦時下の弾圧で獄死。戦後、第二代会長の戸田城聖《とだじょうせい》、第三代会長の池田大作（八九）の時代、都市で働く地方出身の未組織労働者らを糾合し、爆発的に教勢を拡大した。五五年の統一地方選で政治に進出し、六四年に公明党を結党している。

ところが、折伏《しゃくぶく》と呼ばれる布教活動が強引だとして、他の宗教団体が強く反発。さらに一九六九年には、藤原弘達《ひろたつ》の著書『創価学会を斬る』をめぐって、創価学会・公明党側が出版差し止めの圧力をかけ、それが「言論・出版妨害事件」としてバッシングをあび、翌年、対話路線に転じた。
その際、池田は批判の強かった教団と公明党の政教分離、国立戒壇（国教化）の否定を打ち出した。これらにより、次第に社会との軋轢も収まりつつあったが、公明党が羽田連立政権（一九九四年）に六人の閣僚を送り込んだことで、宗教界を中心に再びハレーションを引き起こしていた。

その急先鋒が一九九四年、創価学会・公明党に批判的な文化人や宗教関係者によって結成された「四月会」だった。代表幹事を務めた政治評論家の俵孝太郎によると、「憲法、靖国の議論はしないということで集まってもらった。そうした問題は教団によって考え方がまったく違う。また、立正佼成会や佛所護念会教団は霊友会から分かれた経緯があり、三者の関係は難しい。それでも、創価学会が相手なら一緒に組むことができた」と振り返る。黛敏郎も顧問に入った。

一九九四年五月の設立準備会。この模様を伝えた『AERA』（一九九四年五月三〇日号）によると、参加した顔ぶれは異様だった。俵の両隣には、立正佼成会幹部とお茶の水女子大名誉教授（倫理学・道徳教育）の勝部《かつべ》真長《みたけ》。勝部は靖国神社国家護持が持論で、佼成会は国家護持に反対する中心的な教団だ。その靖国問題をめぐって、立正佼成会を中心とする新宗連から脱退した佛所護念会教団幹部も参加していたという。

この時、反創価学会の諸教団を結びつけたのが、自民党議員だった亀井静香（八〇）らだった。政治色が濃い集会だけに慎重な教団も多く、準備会に出た教団のうち、対外的に教団名の公表に応じた組織は立正佼成会の外郭団体・平和研究所、霊友会の外郭政治団体・インナートリップ・イデオローグ・リサーチセンター（IIC）、佛所護念会教団、阿含宗、新生佛教教団、真言宗金毘羅尊流の六教団だけだったという。神社本庁や全日本仏教会、天理教、日本キリスト教団体連合会などの幹部も出席していたが、組織決定していないという理由で、表には出なかった。

一九九四年六月には設立総会があり、自民党総裁の河野洋平、社会党委員長の村山富市、新党さきがけの武村正義（八二）らが顔をそろえた。同月末、村山首班の自社さ政権が誕生すると、九五年八月の村山改造内閣では、立正佼成会が支持母体の田沢智治《ともはる》が法相に、後に日本会議国会議員懇談会初代会長となる島村宜伸が、宗教法人法改正を所管する文相に、反創価学会の深谷隆司（八一）が自治相・国家公安委員長に就くなど、対公明党・創価学会シフトを敷いた時期さえあった。

そんなアンチ学会の空気が後押しする中、日本会議は結成された。現在、神社本庁、伊勢神宮、熱田神宮、靖国神社、明治神宮、黒住教、大和教団《たいわきょうだん》、延暦寺、念法眞教《ねんぽうしんきょう》、佛所護念会教団、新生佛教教団、崇教真光《すうきょうまひかり》、解脱会などの代表者らが日本会議の役員をつとめる。

ところが、自民党のほうが上手だった。政権復帰後、徐々に公明党・創価学会に接近をはじめる。一九九九年に自民、自由、公明の自自公連立政権が発足。その後は民主党政権を除いて、公明党とともに政権与党であり続けている。

村上は渋い顔だ。「政権から出て行ってほしいと思うけれどね。日本会議と公明党が内閣の脇を固める形になっちゃってね」

とはいえ、それは引退した村上だから言えることだろう。多くの自民党議員にとって、「公明党・創価学会は自陣にとって最大の集票マシン、生命維持装置」という現実がある。公称八二七万世帯の教勢は日本最大級。衆院の小選挙区なら各区に二万～四万票を有す。参院でも当落線ギリギリの日本会議系タカ派候補が、創価学会の組織票でようやく当選しているという〝語られぬ〟裏事情が実際にはある。

公明党関係者は「それで、安倍内閣の足を引っ張っている公明党には閣外に出ていってとかよく言えると思う。伝わらないとでも思っているのでしょうか」と牽制を忘れない。

†「公明をぶっつぶす」

二〇一四年末の衆院選挙。日本会議国会議員懇談会会長の平沼赳夫が率いた「次世代の党」が、元公明党代表の太田昭宏（七一）と競合する東京一二区（北区・足立区の一部）に元航空幕僚長、田母神俊雄（六八）を擁立した。

田母神は「公明党が足を引っ張るから、安倍さんがやりたいことができない。次世代の党が自民党の右側に柱を立てる。私たちを大きくしてもらって、公明党には出ていってもらおうじゃありませんか。日本を取り戻そうじゃありませんか」と、赤羽や王子の駅頭、自衛隊十条駐屯地前などで支持を呼びかけ、こうも言った。

「公明が与党にいては日本の政治は一歩も前進できない。公明をぶっつぶすのが私の選挙スローガンです」

二〇一四年二月の東京都知事選で六一万票を獲得した田母神。保守層を意識して神社詣でにも力を入れた。太田陣営は「挑発にのっては相手のおもうつぼ」と冷静に見守る構えを続けた。

むしろ、その挑発にしびれを切らしたのは自民党都連会長の石原伸晃《のぶてる》（六〇）と、次世代の党最高顧問の石原慎太郎だった。次世代が東京一二区で公明に弓を引いたため、東京三区から立候補した三男、宏高（五二）への公明党の支援が微妙な状況に追い込まれていた。

「父は田母神さんの応援には入りません！」。太田陣営には、自民都連会長の伸晃から公示前に電話連絡が入った。伸晃は公示日の一二月二日にも太田の応援演説に駆けつけ、声を張り上げた。「石原家は信義を重んじる。みなさんで太田さんを押し上げようではありませんか！」

田母神の選挙を手伝った日本会議関係者は憤る。「石原親子にやられた。最後まで田母神の一二区擁立を渋った。公明が与党にいることが日本の危機だとなぜ国民は気づかないのでしょう」

✝椛島有三の公明党批判

ならば、日本会議、とりわけ、実務を担う日本協議会・日青協はどうか。機関誌を読み込むと、公明党に違和感を覚えている様子がよく分かる。

三島由紀夫・森田必勝両烈士義挙四十年記念講演会（二〇一〇年一一月二一日、東京・靖国会館）で、日本協議会のトップとして弁士を務めた椛島は「三島先生は公明党の本質も見抜いておられました」とし、三島は一九七〇年一月の講演でこう述べたと続けている。

「公明党がもし政権をとったら、言論統制をするだろう、天皇制をいじくるだろうということをおそれています。かれらが政権をニギったとき、どうしても対立するのは天皇制ですからねェ」

『祖国と青年』（二〇一一年二月号）からの引用だが、椛島はそこから話を現代に引き戻し、自公政権の公明党はどうかと話をふる。

「公明党が政権与党の一角にいた二〇〇五年に皇室典範改正問題がおきます。有識者会議がご存じの通り、女系天皇容認の皇位継承制度案を政府に答申します。この時、公明党はどういう態度をとったか。公明党の当時の神崎代表は「有識者会議の答申を尊重する」と述べ、冬柴幹事長も「日本の良心である有識者会議が結論を出されたので、そのまま法制化すべきだ。いろいろと議論すべきではない」と述べました」

要するに、小泉政権下で首相の諮問をうけた有識者会議が、「女性・女系天皇を認める」「男女を問わず天皇の直系の第一子を優先する」という報告をまとめたことについて、公明党が賛意を示したことを批判したわけだ。三島の言と重ねると、天皇制をいじくり、皇位継承の男系主義をこわそうとしていると言いたかったのだろう。

椛島は二〇〇七年五月二〇日、広島市での「衛藤晟一さんを励ます会・広島集会」でも興味深い発言をしている。衛藤は〇五年の衆院選（いわゆる郵政解散）で大分一区から無所属で立候補し落選した。その後、安倍の強い要請で自民復党。かつての衆院大分一区、参院大分選挙区がすでに自民党の議員・候補者で埋まっていたため、参院比例区からの立候補に照準を合わせたところ、「選挙区は自民、比例区は公明」の選挙協力が崩れるとして公明側が強く反発。大分県内での政治活動・選挙運動をしない、県外に転居することなどの条件をのみ、衛藤は選挙戦に臨もうとしていた。

椛島は新聞記事を引用する形でこう批判している。「今、衛藤さんは、大分で大変苦労されています。復党の条件の一つが大分から住民票を移せということで福岡に移しました。すると、今度は東京だと。東京に住民票を移させられました。読売新聞は『福岡は大分に近すぎる。東京に移さないと公認を取り消す』と（自民党執行部は）衛藤氏に迫った。公明党の強い要請もあったという」と掲載しました」

衛藤は最大の得票が見込める地元に入れない、大分で選挙活動ができない、街頭にも立てない、マイクも握れない、握手もできないまま、投票日まで戦わなければならない状況が続いている。大ピンチだというのである。

「私は、公認は自民党の主権問題だと思っています。自民党の公認を他党が左右していることの中に今日の政治の難しさが現れています。公明党に頼らなければ自民党の政治が成り立たないという政治はどう考えてもおかしい。こうした問題点を指摘できる政治家が誕生しなければなりません」（『祖国と青年』二〇〇七年六月号）

そのとき、衛藤晟一の得票は二〇万二三一四票で当選。自民党の最下位当選者こそ有村治子（四六）に譲ったが、下から二番目、肝を冷やす復活劇だった。

第七章

揺れる思想

機関誌『祖国と青年』に安倍晋三のロングインタビューが最初に載ったのは、おそらく一九九八年一一月のことだ。タイトルは「戦後世代の『若手議員』が国防を論じるとき」。九三年に初当選し衆院議員二期目。当時、日本会議国会議員懇談会の防衛・外交・領土問題プロジェクトの座長を務めていた。このインタビューで安倍は、集団的自衛権行使をめぐる解釈改憲について語っている。

「日米が基軸であることは間違いない。これを本当のイコールパートナーにするためには、私は集団的自衛権に踏み込むべきだろうと思います」「憲法を改正するのが一番いい。いきなり国民投票なら今でも改正できると思いますが、国会で三分の二は当分無理。まず、集団的自衛権の行使を合憲とする。かなりドラスティックに日米関係は変わってくると思います」

インタビューした日時は一九九八年一〇月とあるので、その一六年後に自らの内閣で実行に移したわけだ。そんな安倍を椛島らの日青協、日本を守る国民会議、日本会議と結びつけ、盟友として歩調をあわせてきたのが、先ほど述べた元日青協委員長の首相補佐官、衛藤晟一だ。

†日青協元委員長、衛藤晟一の来歴

衛藤は一九四七年、大分市生まれ。大分大学経済学部卒。生長の家学生会全国総連合（生学連）の活動家として、民族派の立場から学園正常化運動に参加。自民党大分県連学生部長を務めるかたわら、七〇年の日青協結成に加わり、黎明期の日青協委員長を務めた。政治家を志し、七三年に大分市議、七九年に大分県議、九〇年に衆院議員と駆け上がってきた。岳父は元大分県議会議長の矢野竹雄だ。

自らの政治家人生そのものが、日青協の地方決議戦術「地方から中央へ」をなぞったかのような経歴だが、「日本国家」のことは頭の片隅からいっときも離れなかったようだ。「揺れるインドシナ半島を訪れて」。衛藤は日青協委員長の肩書で、『祖国と青年』（一九七五年一一月刊）に紀行文を寄せている。一九七五年四月、サイゴン陥落（ベトナム戦争終結）。衛藤はその年の九月に、一〇日間の日程でタイやマレーシアなど、伸張著しい共産勢力と向き合う東南アジアを旅している。

「インドシナ半島の自由諸国は事実上、無防備の状態におかれていることは誰の目でも理解できる。日本国内において韓半島の危機は叫ばれるが、これらの諸国の危機はそれほどまで重要視されていない。日本は従来どおり、経済進出だけの関係で国交を保っていてよいものかどうか」。生長の家で反共愛国を叩き込まれた衛藤にとって、タイさえも共産化されかねない当時の状況は、どれほどの衝撃だったろうか。

そして、大分県議会に進出する。県議誕生は、生長の家政治連合（生政連）所属としては全国初。当時、生政連国民運動本部長だった村上正邦は、衛藤の大分県議当選を、「これで市議会から県議会、県議会から中央政界へと飛躍する生政連の純粋で独自のラインが敷かれた。当選は多くの生政連市議に夢と勇気と決意を与えてくれた。将来、必ず中央政界に出てくれるだろう」と祝辞を述べている。

大分県議時代は日教組のヤミ専従を告発。教師としての給料を支給されながら、実際には授業をせず、組合活動に専従している教職員組合の悪しき慣行を議会で追及、文部省が国庫負担分の返還を求める事態となり、衛藤は県議として名前を売った。

後に、教育基本法改正が成立し、衛藤は『祖国と青年』（二〇〇七年五月号）のインタビューで、「旧基本法一〇条にある「不当な支配」を盾にして、「現場の教員にこそ教育権があり、職員会議こそが最高の決定機関だ」と主張していた。これが教育の正常化を大きく妨げていたわけです。この条文が改められたことでかつての言い分は成り立たなくなりました」と、積年の対日教組運動の成果を語ってもいる。

衛藤が国政を視野に入れたころ、生長の家が政治から撤退した。生政連初の国会議員、玉置和郎の金銭スキャンダルや、候補の名簿順位を党が決める比例代表制の参院選導入などが契機となった。一〇〇万票を有する大教団の候補だというのに、一九八三年の参院比例区から出た生政連の寺内弘子は下位の二一番目に搭載され落選（欠員がでて三年後に繰り上げ当選）。自民党への不信感は爆発し、同参院選直後に、政治からの撤退が発表された。

参院議員一期目だった村上は教団の政治撤退について、「仕方ない。宗教団体の宿命だなと思った。政治は妥協、清濁併せ呑むもの。政治はやはり清らかなものを汚すから」と振り返る。似た言葉を二〇年以上前、新宗教の大幹部から聞いたことがあった。「政治活動は教団に活力を与える。半面、教団から純粋さを奪う。麻薬にして両刃の剣だ」

とはいえ、強烈な教祖の下、強い政治性を帯びてきた生長の家教団が政治から撤退すれば、その反動は大きい。教団から切り離された政治家、教団政治部門の幹部職員、信徒らの反発は甚大だった。「別動隊」的な性格をもっていた椛島ら日青協は独自路線をいき、村上らと連携。新たなスポンサーを探しながら、現実政治での影響力の強化をめざし、バラバラだった個々の保守運動を日本会議へとまとめあげていく。

†生長の家の安倍政治批判

三〇年以上も前に政治と訣別した生長の家が、最近になって「政治本」を出して話題になった。ブックレット『〝人間・神の子〟は立憲主義の基礎　なぜ安倍政治ではいけないのか？』（生長の家）。椛島ら、生長の家脱会者が日本会議の中枢に多くいることが注目されるようになり、生長の家や日本会議を取り扱った書籍が書店で平積みになったしばらく後のことだ。

同書の監修は、産経新聞記者だった教団第三代総裁谷口雅宣による。

冒頭、「生長の家は二〇一六年六月九日、夏の参院選に対する教団の方針「与党とその候補者を支持しない」を発表しました。安倍政権は一二年以来、立憲主義をないがしろにし、生長の家の信仰や信念と相容れない政策や政治運営を行ってきたからです」と主張。

次いで、「安倍政権に日本の政治を任せておくことの危険と問題を理解するには、立憲主義が西洋の近代民主主義のみならず、明治以降の天皇制の根幹をなす思想であることを知らねばなりません」と、立憲主義の重要性を訴えている。

そのうえで、椛島ら日本会議の危険性についてこう述べる。

「抑止力の必要性を強調する安倍政権に目立つのは中国・北朝鮮に対する強硬な姿勢です。それは右翼組織「日本会議」と一致しています。安倍政権がこのような団体の支持を得て抑止力を強調しているのであれば、自ら敵を作り出す危険性があります」

教団の教義を解説しながらではあるが、まるで、新宗連の主張かと見まがうほどリベラルな内容だ。路線対立から新宗連を脱会（一九五七年）した教団創始者の時代とは隔世の感がある。教団にとってみれば、椛島らはもはや交わりようのない、鬼っ子といった位置づけなのだろう。

†衛藤と安倍の盟友関係

「いよいよ憲法改正に向かって最後のスイッチが押される時がきた」

日本会議が主導した「美しい日本の憲法をつくる国民の会」（共同代表・三好達、櫻井よしこ、田久保忠衛）。憲法改正の国民投票に向けた世論喚起を推進している全国組織だ。二〇一四年一〇月一日、設立総会が東京・憲政記念館で開かれ、あいさつした衛藤はふだんよりも高揚しているように見えた。

「自民党は結党以来、憲法改正を旗印にしてきた。一九九三年に自民党が政権を失った時、自民党綱領だった自主憲法制定を外すべきではないかとの提案がされたが、安倍首相や我々が「憲法改正を下ろすなら自民党なんていうのはやめるべきだ」などと議論をした。今、その時のメンバーが中心となって第二次安倍内閣をつくった。安倍内閣は、憲法改正の最終目標のために、みんなの力を得て成立させた。二〇一六年七月に次の参院選がある。二年後に国民投票を行い、憲法改正を達成しなければならない」

衛藤は首相補佐官。あいさつで話した安倍との政界二人三脚ぶりは、機関誌『祖国と青年』（二〇一三年四月号）でも語られている。

衛藤によると、当選一期下の安倍と初めて行動をともにしたのは一九九四年一〇月のこと。党刷新を目的とした自民党基本問題調査会（会長・後藤田正晴）が、党是「自主憲法の制定」の取り下げを議論することが分かり、中川昭一、安倍、衛藤らで後藤田に食いさがった。

その後、歴史観、国家観で相通じるこの三人は一九九七年二月、歴史教科書の改善を求める議連「日本の前途と歴史教育を考える若手議員の会」を結成。会長は中川、幹事長に衛藤、安倍が事務局長に就任した。第一回勉強会は中央大教授（日本近現代史）の吉見義明（七〇）と「新しい歴史教科書をつくる会」の藤岡信勝の二人を招いた討論会だったという。

安倍は北朝鮮拉致被害者救出運動で頭角をあらわし、小泉政権内で台頭。首相に登りつめる。中川が会長、衛藤が幹事長の体制で、二人は派閥横断グループ「真・保守政策研究会」（二〇〇七年）を結成。会長の中川が二〇〇九年に急逝したため、安倍が会長、衛藤が幹事長で保守の再結集にむけ活動を再開した。グループ名称は「創生日本」とし、そこに集まった人々を力に、安倍は首相に返り咲いた。

「共に戦ってきた安倍さんでしたので、二〇一二年の自民党総裁選で「やはり安倍さんしかいない」という思いで出馬を要請しました。「日本の危機に際して、立ち上がらないでどうするのですか」と申し上げて、決意していただきました」と衛藤は振り返る。

†「生前退位」と衛藤の苛立ち

二〇一六年一〇月に国会内で開かれた日本会議国会議員懇談会の皇室制度プロジェクトチーム。作家、竹田恒泰を招いた勉強会が終わった後、簡単な記者ブリーフィングがあった。そのとき、座長の首相補佐官、衛藤晟一が約二〇分間にわたって、取材陣に食ってかかる場面があった。

「何で日本会議が統一見解を示さなくちゃいけないんだ！」

衛藤が問題としたのは、朝日新聞が一〇月上旬に掲載した「生前退位　揺れる対応／日本会議と神政連、見解示せず」とした記事。天皇陛下が退位の思いを強くにじませたお気持ちを表明したことについて、安倍政権に近い日本会議と神道政治連盟では議論百出、統一見解がまとまらないという内部事情を描いた。

一部を抜粋すれば、天皇陛下のお気持ち表明から一週間後の二〇一六年八月一五日、靖国神社で開かれた戦没者追悼中央国民集会でのこと。日本会議代表委員で、英霊にこたえる会会長の寺島泰三（八四）が退位に触れ、「伝統や皇室典範など解決すべきことは少なくないが、なるべく早期に実現されるよう望む」と語った一方で、同席していた日本会議副会長の小堀桂一郎は『産経新聞』(二〇一六年七月一六日付朝刊)で退位の前例を作れば「事実上の国体の破壊に繋《つな》がるのではないかとの危惧は深刻である」として、摂政で対応するのが最善だと主張したことを取り上げている。

「日本会議幹部によると、現在は退位を容認する方向で調整が進んでいるといい、ただ、一代限りの特例法か、退位を恒久的に制度化する皇室典範改正かは両にらみで、別の幹部は「当面は有識者会議の様子見だ」と話している」と記者は結んでいるのだが、衛藤の怒りは本当のところ、どこに向かっていたのだろう。

日本会議はホームページ上に自ら、「改めて本会としての見解を表明することを検討する」(二〇一六年八月二日付)と言明しており、記者にとって「いつまでに見解をまとめますか?」は当然の質問だった。方針がなかなかまとまらない日本会議にいらついていたのか、国民世論を思う方向に誘導できないことに八つ当たりしたのだろうか。

†「蟻の一穴」を警戒する伊藤哲夫

日本政策研究センター(東京・飯田橋)という民間のシンクタンクがある。機関誌は『明日への選択』。代表者は、首相の一番の政策アドバイザーとも言われる伊藤哲夫だ。新潟大で生学連運動に関わり、大学四年だった一九六九年度には生学連理論強化部担当中央委員を務めた。日青協が「占領憲法破棄・明治憲法復元」路線を捨て、「反憲的解釈改憲」路線へと舵を切ったとき、機関誌上にたびたび登場したイデオローグ「柳田恵三」は伊藤のペンネームでは?と今も語り継がれている理論家だ。

天皇陛下のお言葉をうけて、伊藤は二〇一六年一〇月、機関誌『明日への選択』(二〇一六年一〇月号)に「装いを変えて模索される「天皇制度」無力化」という論考を載せた。冷戦終結が左翼の後退につながらなかったように、反天皇勢力が次にめざすのは、天皇をふつうの人間にする戦略だ、というのである。

「筆者(伊藤)が想定するのは、今回の「生前退位」のような問題には積極的に賛同しつつ、逆に内部から天皇制度無力化を図ってくるのではないかということだ。「人権」「国民の総意」を前面に掲げつつ、新たな皇室像を求める、といった戦略だ」と分析。

例えば、北大准教授(憲法学)の西村裕一が「天皇は職業選択の自由、婚姻の自由、表現の自由も制約されている存在だ。そのような重大な人権制約を正当化するためには「ふつうの人間」になる権利が認められなければならないというのが、奥平康弘先生の主張です」と朝日新聞紙上で主張したのを引き、伊藤はこう忖度するのである。

「今はそしらぬ顔で「生前退位」の議論に乗りつつ、むしろそれを逆手にとり、「ふつうの人間」にする戦略を打ち出していく。「退位の自由」は「即位の自由」の主張につながる。いつの日か即位を拒否したり、自由な退位を主張する皇族や天皇の出現を待つ戦略だと言えよう」。それに続けて伊藤は次のような解釈を示す。

「それと不可分な戦略だが、「生前退位」を否定する現皇室典範を戦前の「神権天皇制」を引きずる時代遅れの制度と一方的に規定し、その無力化を画策するとともに、それに代わる「国民の総意」に基づく「将来の皇室像」なる名目の下に皇室典範の改正を求め、そこに状況逆転の機会を見出していこうとする戦略だ」と。

伊藤によれば、女系天皇容認や女性宮家創設の意図もそこには含まれている。そこでは「伝統」は脇に置かれ、「人間天皇」「平成流」「男女平等」が称揚されるとし、「つまり、問題はただ単純に「生前退位」の是非といったものではない。その危うさを考えれば、慎重な上にも慎重な判断が必要である」と断じるのである。

果たして、左翼やリベラル陣営は、そこまでの戦略をもって発言しているのだろうか。私には杞憂に思えるのだが、日本会議では「蟻の一穴」を恐れる伊藤のような主張が主導権を握ることも珍しくないようだ。

†「女性宮家」批判が続出

民主党政権時代の二〇一二年五月三〇日、日本会議が主導する「皇室の伝統を守る国民の会」が東京都内で設立総会を開いた。会長は日本会議第三代会長の元最高裁長官・三好達《とおる》だ。

当時の野田政権は「女性宮家」の創設を検討していた。三好は強く批判した。

「有史以来一貫して守られてきた男系による皇位継承を改変することは、国家の連続性を断ち切る革命にも等しい」

女性宮家を創設すれば女系天皇の容認につながる、という危機感があった。

首相に返り咲く前の安倍もあいさつしている。「小泉内閣の有識者会議の結論は、皇室の伝統と文化を合理主義で考える、極めて間違った姿勢のものだ。安倍内閣で白紙撤回となった。まして、民主党政権がこの結論にこだわる必要は全くない。なぜ、戦後皇室を離脱した一一宮家の皇室復帰について、選択肢として考慮をしないのか。ここに基本的な問題がある」

ジャーナリストの櫻井よしこも同様の主張を展開した。「わが国には、日本国民・日本国政府の意思とは無関係に皇籍を離れさせられた皇族のみなさまがおられる。女性宮家という歴史になかった新しいものをつくるより、外圧で変えられた部分を元にもどすことに知恵を働かせるべきです」

†「梠島君は分かっているはず」

実は、この日は二度目の「設立」だった。小泉政権下の二〇〇六年、首相の私的諮問機関がまとめた女性・女系天皇を認める報告書に反対して発足したが、秋篠宮家の長男悠仁《ひさひと》さま誕生で休眠状態になっていた。

一度目の設立総会は二〇〇六年三月七日、東京・日本武道館で開催。一万人を集め、「万世一系の皇室の御存在の意義を踏まえ、男系による皇位継承を堅持すべく――」など三項目を決議し、気勢をあげた。

女系天皇を認めるかどうか。この議論は当初、様子見が続いたが、どこが分水嶺だったのか、「女系反対」が優勢になった。男系維持とする側から総攻撃された論客の一人に、歴史学者で元皇学館大学長の田中卓《たかし》（九三）がいる。

田中は「現憲法は皇位継承を「世襲」と定めているだけ。皇室典範の「皇位は皇統に属する男系の男子がこれを継承する」とあるのを「皇統に属する子孫」と改めればいい」と話す。「男尊女卑の考え方は本来日本にはありません。儒学から入ってきた中国の思想なんですよ。そこにしばられると、いろんな問題が起こるわけです」

皇国史観の中心的存在だった東大教授の平泉澄に師事。「ＹＰ（ヤルタ・ポツダム）体制打倒」の造語で知られ、理論的支柱として民族派活動家に信頼される存在だった。

田中は言う。「男系女系、どちらもすばらしい。男女の産み分けはできない。それが人生です。天皇家にだけ男系男子を求めたら無理がくる。そういう意味なのに「女系派」「左翼」とか非難されてね、驚いた」

田中は、日本会議事務総長・椛島の若き日を知る人物でもある。

左翼全盛の一九六〇年代、長崎大の学生自治会を選挙で掌握した椛島らの民族派運動は反響をよんだ。六九年三月、椛島を実行委員長に「第一回全九州学生ゼミナール」が長崎・雲仙で開かれた。皇学館大教授で、反日教組の日本教師会会長だった田中は翌年三月の第二回に講師として招かれた。三重県伊勢市の自宅をたち、大阪伊丹空港から福岡空港にたどり着いたのが夜八時。三人の学生が出迎えにきてくれ、車で福岡県早良町《さわらまち》（現福岡市早良区）の国民宿舎に案内された。

「椛島有三兄が一切の世話をしてくれる。人材なり」。田中は日記にそう記した。

翌朝は六時半起床。前庭に国旗を掲揚して体操。八時半から四時間、田中が「道義国家の建設をめざして」と題して講演。約八〇人が熱心に聴き入り、感心したという。

全九州ゼミには一九七四年三月にも呼ばれている。日青協の勉強会にも講師として何度も出向いた。二人の親交は続き、田中の見立ては当たる。民族派学生組織の全国学協で中心的な存在だった椛島は七〇年一一月、日青協を結成する。日本を守る国民会議事務局長をへて、九七年には日本会議の事務方トップに立った。

「彼がやるなら、日本会議は間違いない」。そう思っていた田中が、椛島の立場をおもんぱかるようになったのは、女系天皇をめぐる論議が起きたころからだ。

首相の諮問機関にあたる皇室典範に関する有識者会議（座長・吉川弘之〔八二〕）が二〇〇五年一月に創設され、計一七回、三〇時間余にわたり議論をした。同年一一月、「女性天皇」や母方だけに天皇の血筋を引く「女系天皇」を認め、皇位継承順位は男女を問わない「第一子優先」とする報告書を首相に提出する前後から反対運動が本格化する。

「有識者会議の報告書が国民の常識や」。田中は当時からそう語り、椛島も「皇位継承問題で、日本会議は運動しない」と話していた。だが、二〇〇六年の椛島からの年賀状には「約束を守れませんでした」との添え書きがあった。

日本会議国会議員懇談会は二〇〇五年一一月一日、国会内で総会を開き、「国民の理解を超える拙速さ」と有識者会議を批判する決議を全会一致で採択。会長の平沼赳夫は同月中旬、首相官邸で官房長官の安倍晋三に決議文を手渡している。

日本会議は年が明けるとますます女系天皇を認めない姿勢を強め、田中を論文などで批判する教え子も現れた。二〇一三年に刊行された『愛子さまが将来の天皇陛下ではいけませんか――女性皇太子の誕生』（幻冬舎新書）にも日本会議側は強く反発した。

田中は残念がる。「椛島君は分かっているはずなんだが、組織に搦《から》めとられて身動きできないようだ。言いたいこと、やりたいこと、今の彼にはできないのじゃないかな」

エピローグ

大阪府豊中市の国有地が九割近く値引きされ、森友学園（大阪市）に売られた問題は、日本会議事務総局、議連関係者、その周辺をも大きく揺るがす事態になった。

「森友学園・籠池泰典《かごいけやすのり》氏と日本会議について」

二〇一七年三月一三日、こんなタイトルの文書が、日本会議国会議員懇談会の各議員に配られた。日本協議会・日青協が担う日本会議事務総局の作成で、「皆様には三月一日付で「森友学園への国有地払い下げと日本会議は無関係」とする見解をお伝えしたところですが、次のことが明らかになりましたので、お知らせいたします」と前置きし、こう続けている。

「日本会議の本部会員名簿において、籠池泰典氏の会員登録情報を精査したところ、六年前の平成二三年一月に本会を退会されていたことが判明しました。現在まで日本会議の会員ではありません」。その上で、「懇談会の先生方には、森友学園問題でたいへんご心配をおかけしているところですが、引き続き、新たな情報が分かり次第、お知らせいたします」と締めくくっている。慌てぶりが手に取るように伝わってくる。

確かに、日本会議ぐるみで土地取引に関わったりはしていないのだろうと私も漠然と思う。さまざまな団体、個人と連携した日本会議にあっては、意に沿わない事態が末端で起こることもあるだろう。だが、学園トップの籠池は生長の家創始者の谷口雅春に傾倒する人物で、日本会議の地方組織で役員をしていた時期もあることから、関係を取りざたされた。また、日本会議関係者がこぞって、学園運営の塚本幼稚園（大阪市）を訪れては、その教育を褒めそやしてきた事実はやはり覆いがたい。

関西での拉致被害者救援運動などを通じ、籠池家をよく知る男性は「政治家や文化人が講演や視察にきてくれるようになって、どんどん気が大きくなっていった。無意識に人を使い捨てるようなところがあって、私は付き合いをやめたが、「教育を変えなあかん」という、根っこは愛国心によるもの。学校づくりの動機までは、疑ってへんけどね」と話す。

二〇一三年一〇月二二日、日本会議国会議員懇談会会長の元経済産業相、平沼赳夫が衆院予算委員会で、学園が運営する塚本幼稚園を取り上げ、称讃したことがあった。先述のとおり、平沼は生長の家創始者、谷口雅春に傾倒、車の後部座席に教典『生命の実相』を常備しているほどの信奉者だ。

「大阪の塚本幼稚園というところに行ってきました。ちっちゃな子たちがそろって君が代を歌う。あの長い教育勅語を全部言うんですね。黄色い声で全部やる。さらに驚いたのは、その園児が五カ条の御誓文まで全部言う。それも全部頭に入れているんです」

連日、テレビのワイドショーで取り上げられたので、暗唱する園児の顔にボカシが入った映像が目に焼き付いている読者も多いはずだ。平沼はあの風景を絶賛したわけである。

籠池夫妻とは一〇年前に関係を絶ったという防衛相の稲田朋美（五八）もまた、森友学園の教育を褒めそやしていた人物の一人だ。月刊誌『ＷｉＬＬ』（二〇〇六年一〇月号）の討論会で塚本幼稚園にふれ、「文科省が新聞の問い合わせに「教育勅語を幼稚園で教えるのは適当ではない」とコメントした。そこで、文科省の方に「教育勅語のどこがいけないのか」と聞きました」と発言している。

この発言は国会でも取りあげられ、社民党元党主の福島瑞穂（六一）が「今もこの考えを変えていないのか」と問うと、稲田は「教育勅語の精神である日本が道義国家を目指すべきであること、そして親孝行だとか友達を大切にするとか、そういう核の部分は今も大切なものとして維持をしているところだ」と述べてもいる。実際には雑誌の討論会では、「教育勅語は、天皇陛下が象徴するところの日本という国、民族全体のために命をかけるということだから、私は最後の一行も含めて教育勅語の精神は取り戻すべきだと思う」と、踏み込んだ発言をしている。人間関係こそこじれ、交際を絶っていると言うが、国民教育のあり方、国家観では共振しあう「同憂の士」であることはまちがいなさそうだ。

稲田も『生命の実相』の愛読者だ。『別冊正論』(二〇一二年六月刊)によると、司法試験の苦労について語る一節で、稲田は受験が不安になると『生命の実相』を読んで元気を出すことにしていたといい、稲田の父も高校時代に同書を読んで肺病を克服した、と綴っている。谷口雅春の教えに影響を受けたと話す政治家・運動家が、教祖の死後三〇年以上たってもなお、これほど存在していることは当の本人も予想しえなかったのではないか。

それにしても謎の残る組織だ。

政権に影響力を及ぼし得る団体であり、憲法改正という大目標に向かって政治運動をしているというのに、一九九七年の結成以来、政治団体の設立届けはせず、任意団体のまま活動。カネの流れが表に出てこない。

椛島が率いる日本協議会の日青協に至っては、二〇〇二年まで文字どおり政治団体として選挙管理委員会に届けを出して活動していたというのに、〇三年に政治団体の解散を届け出て、「消息」を絶ってしまった。謎なのである。

煙幕を焚《た》いたような外形を見て、ある者は「日本を裏から操る宗教結社」のようにおどろおどろしく形容したうえで批判し、ある者は「他団体の成果をかすめ取るイベント屋にすぎない」と日本会議ハリボテ論を主張する。日本会議会長の田久保忠衛は相次ぐ批判本や言説の登場に、「批判は過大評価か的外れ」と機関誌で反論したが、情報開示に消極的とみえなくもない組織運営に問題はないのだろうか。

実態がとらえづらいそんな組織ながら、偶然にも、強烈な個性の支援者の名とともにその組織名が公文書の中からひょっこり顔を出したことがあった。

私が週刊誌『ＡＥＲＡ』編集部に籍をおいていた二〇〇七年、国政復帰をうかがう老政治家、石原慎太郎の政治資金を細かく分析していたときのことだ。会社の資料庫にこもり、政治資金収支報告書をめくっていると、石原の資金管理団体に毎年、多額の寄付をしている名古屋の政治団体の存在に気づいた。

「中部石原慎太郎の会」。セロハン・フィルム製品の有力企業「フタムラ化学」に事務所を置き、二〇〇三年には七〇〇〇万円もの資金を石原の資金管理団体「石原慎太郎の会」（東京）に寄付している。そこからさかのぼってみると、「中部の会」は「二村政治経済懇話会」から〇一年に五〇一二万円の資金を得ており、さらに「二村懇話会」は「日本憲法研究会」から四九七五万円（一九九八年）もの支援を受けている流れがわかった。

「中部慎太郎の会」「二村懇話会」「憲法研究会」はいずれも同社の創業者である二村冨久が、持論である自主憲法制定運動を推進するために立ち上げた政治団体。自民党タカ派の政策集団「青嵐会」からのつながりで、中川一郎や石原慎太郎、椛島らの日青協ともつながりが強く、日青協には二〇〇一年、日青協のその年の全収入の四割にあたる約四〇六〇万円もの寄付が「二村懇話会」からあった。

二村というスポンサーは、エピソードに事欠かない人物だったようだ。

保守政財界に詳しいジャーナリストや学者、日青協の元メンバーの話を総合すると、戦後に起業したフィルム・セロハン製造会社が大成功し、この業界の立志伝中の経営者で、母校の東京理科大（東京物理学校）には自ら寄贈した近代科学資料館（二村記念館）がたつ。三島由紀夫が自決した後には自ら髪を落とし、社員約二〇〇人を引き連れて上京、築地本願寺での葬儀に臨んだほか、三島の憂国の志を継承するため、社員らの鍛錬施設「三島記念館」を名古屋駅近くに建設。一九七二年の開館式には大物右翼、児玉誉士夫《よしお》が現れたという。

機関誌『祖国と青年』に毎月のように広告をだし、誌面で自説を何度か開陳してもいる。「（今日の教育の荒廃、政治の退廃は：引用者注）三島先生が嘆いて腹を切られた占領憲法に諸悪の根元があることを国民の大半は知らされていない。占領憲法であることを若い諸君に知らせる義務があるとの自覚にたって日夜努力して参る所存であります」（一九八四年五月号）と、三島記念館をつくった意義を語ったこともあった。

それから三十年余り。二村に悲願の実現を託された日青協の面々は、憲法改正にむけた国民投票の環境づくりに余念がない。主導する「美しい日本の憲法をつくる国民の会」が二〇一四年から始めた「一千万賛同者拡大運動」は一七年三月二〇日現在、全国で約八七九万人の賛同者を獲得。一〇〇〇万の目標達成もそう遠くないように見える。

これまで述べたとおり、この手の署名や決議の進捗状況は、極めて積極的に発表する日本会議だが、日本会議本体や日本協議会・日青協へ流入するカネの流れとなると、「フタムラ化学」系政治団体のケースのようにクリアになることはほとんどない。政治団体の届けをせず、任意団体の形式をとったまま、活動しつづけているからだ。

政治資金規正法では、政治団体を「政治上の主義もしくは施策を推進し、支持・反対する団体」などと定義。総務大臣などへの届け出と政治資金収支報告書の提出を義務付けている。日本会議の運動は国民運動で、政治団体に当たらないとの解釈は、一般国民には理解しづらいだろう。

前掲の会長・田久保による反論「日本会議への批判報道を糾す」は末尾で、「奇しくも、

『週刊金曜日』で魚住昭氏がこう書いている。《日本会議の実態は小さなグループの寄り集まり》《日本会議は戦術が巧みで、実態以上に自分たちを大きく見せるやり方がうまい。その結果、彼らがあたかも現在の日本を覆い、政治を動かしているかのような誇大イメージが現在、あちらこちらに広まっている》そのとおり。よくわかっていらっしゃるではないか」と開き直りとも、取材者への皮肉ともとれる言葉で結んでいる。

私も、「安倍政権を陰で牛耳る」といった日本会議批判は過ぎた表現だと思う。ただ、日青協以来、運動は自らの組織を大きく見せ、多方面に強い影響力をもつ団体であるというイメージ拡散に軸足を置いてきた。数百万もの署名活動や地方議会決議、武道館一万人集会、傘下のさまざまな団体づくり……。実際、その演出に成功した。ところが、自分たちが注目され、批判を浴びると、小さなグループの寄せ集めにすぎないと弁明を始めた。

任意団体として数字をオープンにしないまま、「日本会議への批判は過大評価か的外れ」。そう言い張る田久保は時事通信社で外信畑を歩んだ我々マスコミ人の大先輩である。まず取り組むべきは日本会議の情報開示から。情報をシャットアウトしたまま、「批判報道を糺す」とはジャーナリスト出身者としていかがなものだろうか。

あとがき

あの街と、人々と、縁があったのだろう。
私の記者人生は一九九一年、統一地方選でバタつく朝日新聞長崎支局で始まった。天皇の戦争責任を語った本島等長崎市長がその前年、右翼団体構成員に銃撃され、長崎市長選には右翼団体が複数の候補者を立てていた。その告示日、私が任された役目は右翼陣営のコメント取り。右翼にすごまれ、膝が笑った。宿直の夜には、「今から襲撃する！」と誰とも知れぬ脅しの電話。阪神支局襲撃（八七年）が頭をよぎった。

右翼研究の堀幸雄氏によれば、そうした街頭の右翼は「制服を着た右翼」だと言い、一方、大衆運動を組織し、どこにでもいるサラリーマンふうの右翼は「背広を着た右翼」と分類できるそうだが、長崎という街はその後者、「背広右翼」の震源地でもあったわけだ。本書に記した通り、その司令塔は椛島有三氏ら、長崎大の生学連関係者。だが、私の中で、日本会議、日本協議会・日青協と長崎大のキャンパスとが結びついたのは週刊誌『ＡＥＲ

A』編集部の在籍時だから、長崎を離れて一〇年以上の時が流れたことになる。そのとき、彼らは「右翼」「民族派」の肩書はとうに取っ払っていて、保守にとっての諸課題を国民運動へと練り上げるプロデューサーのような地位を築いていた。

今回、取材を進めてみると、被爆地、平和都市長崎の表層しか見えていなかったことを恥じ入るばかりだったが、鈴木邦男氏、犬塚博英氏ら、たくさんの方から貴重な話を聞かせていただいた。また、東大名誉教授の島薗進氏、皇学館大元学長の田中卓氏ら、当代の碩学から種々のご教示をいただいたことに心より感謝申し上げたい。

本書は『朝日新聞』に二〇一六年一一月から一二月にかけて連載した「日本会議をたどって」(二一シリーズ、計一九回)をもとに大幅に加筆したものである。連載で叱咤激励いただいた岸善樹、南島信也両デスク、池尻和生記者のサポートなしには長丁場を乗り切れなかった。また、根気強く原稿と格闘いただいた筑摩書房の石島裕之氏に格別のお礼を申し上げる。

二〇一七年四月

藤生明

ちくま新書
1253

ドキュメント 日本会議《にっぽんかいぎ》

二〇一七年五月一〇日 第一刷発行

著　者　藤生明（ふじう・あきら）
発行者　山野浩一
発行所　株式会社 筑摩書房
東京都台東区蔵前二-五-三 郵便番号一一一-八七五五
振替〇〇一六〇-八-四一二三
装幀者　間村俊一
印刷・製本　三松堂印刷 株式会社

乱丁・落丁本の場合は、左記宛にご送付ください。
送料小社負担でお取り替えいたします。
ご注文・お問い合わせも左記へお願いいたします。
〒三三一-八五〇七 さいたま市北区櫛引町二-六〇四
筑摩書房サービスセンター 電話〇四八-六五一-〇〇五三

ISBN978-4-480-06965-8 C0231

ちくま新書

1162 性風俗のいびつな現場　坂爪真吾

熟女専門、激安で過激、母乳が飲めるなど、より生々しくなった性風俗。そこでは、どのような人たちが、どのような思いで働いているのか。その実態を追う。

1168 「反戦・脱原発リベラル」はなぜ敗北するのか　浅羽通明

楽しくてかっこよく、一〇万人以上を集めたデモ。だが原発は再稼働し安保関連法も成立。なぜ勝てないのか？ 勝ちたいリベラルのための真にラディカルな論争書！

1190 ふしぎな部落問題　角岡伸彦

もはや差別だけでは語りきれない。部落を特定する膨大なネット情報、過敏になりすぎる運動体、同和対策事業の死角。様々なねじれが発生する共同体の未来を探る。

1205 社会学講義　橋爪大三郎／佐藤郁哉／吉見俊哉／大澤真幸／若林幹夫／野田潤

社会学とはどういう学問なのか？ 基本的な視点から説き起こし、テーマの見つけ方・深め方、フィールドワークの手法までを講義形式で丁寧に解説。入門書の決定版。

1216 モテる構造――男と女の社会学　山田昌弘

女は女らしく、男は男らしく。こんな価値観が生き残っているのはなぜか。三つの「性別規範」が、深く感情に根ざし、男女非対称に機能している社会構造を暴く。

336 高校生のための経済学入門　小塩隆士

日本の高校では経済学をきちんと教えていないようだ。本書では、実践の場面で生かせる経済学の考え方をわかりやすく解説する。お父さんにもピッタリの再入門書。

628 ダメな議論――論理思考で見抜く　飯田泰之

国民的「常識」の中にも、根拠のない〝ダメ議論〟が紛れ込んでいる。そうした、人をその気にさせる怪しい議論をどう見抜くか。その方法を分かりやすく伝授する。

623
1968年
絓《すが》秀実
フェミニズム、核家族化、自分さがし、地方の喪失などに刻印された現代社会は「1968年」によって生まれた。戦後日本の分岐点となった激しい一年の正体に迫る。

720
いま、働くということ
大庭健
仕事をするのはお金のため？　それとも自己実現？　不安定就労が増す一方で、過重労働にあえぐ正社員たち。現実を踏まえながら、いま、「働く」ことの意味を問う。

819
社会思想史を学ぶ
山脇直司
社会思想史とは、現代を知り未来を見通すための、過去の思想との対話である。近代啓蒙主義からポストモダニズムまで、その核心と限界が丸ごとわかる入門書決定版。

1039
社会契約論
――ホッブズ、ヒューム、ルソー、ロールズ
重田園江
この社会の起源には何があったのか。ホッブズ、ヒューム、ルソー、ロールズの議論を精密かつ大胆に読みなおし、近代の中心的思想を今に蘇らせる清冽な入門書！

457
昭和史の決定的瞬間
坂野潤治
日中戦争は軍国主義の後ではなく、改革の途中で始まった。生活改善の要求は、なぜ反戦の意思と結びつかなかったのか。日本の運命を変えた二年間の真相を追う。

1146
戦後入門
加藤典洋
日本はなぜ「戦後」を終わらせられないのか。その核心にある「対米従属」「ねじれ」の問題の起源を世界戦争に探り、憲法九条の平和原則の強化による打開案を示す。

1184
昭和史
古川隆久
日本はなぜ戦争に突き進んだのか。私たちは、何を失い、何を手にしたのか。開戦から敗戦、復興、そして高度成長へと至る激動の64年間を、第一人者が一望する決定版！

085
日本人はなぜ無宗教なのか
阿満利麿
日本人には神仏とともに生きた長い伝統がある。それなのになぜ現代人は無宗教を標榜し、特定宗派を怖れるのだろうか？　あらためて宗教の意味を問いなおす。

465
憲法と平和を問いなおす
長谷部恭男
情緒論に陥りがちな改憲論議と冷静に向きあうには、そもそも何のための憲法かを問う視点が欠かせない。この国のかたちを決する大問題を考え抜く手がかりを示す。

1005
現代日本の政策体系
――政策の模倣から創造へ
飯尾潤
財政赤字や少子高齢化、地域間格差といった、わが国の喫緊の課題を取り上げ、改革プログラムのための思考を展開。日本の未来を憂える、すべての有権者必読の書。

1195
「野党」論
――何のためにあるのか
吉田徹
野党は、民主主義をよりよくする上で不可欠のツールだ。そんな野党に多角的な光を当て、来るべき野党を、これからの対立軸を展望する。「賢い有権者」必読の書！

1199
安保論争
細谷雄一
平和はいかにして実現可能なのか。安保関連法をめぐる激しい論戦のもと、この重要な問いが忘却されてきた。外交史の観点から、現代のあるべき安全保障を考える。

710
友だち地獄
――「空気を読む」世代のサバイバル
土井隆義
周囲から浮かないよう気を遣い、その場の空気を読もうとするケータイ世代。いじめ、ひきこもり、リストカットなどから、若い人たちのキッさと希望のありかを描く。

718
社会学の名著30
竹内洋
社会学は一見わかりやすそうで意外に手ごわい。でも良質の解説書に導かれれば知的興奮を覚えるようになる。30冊を通して社会学の面白さを伝える、魅惑の入門書。

772
学歴分断社会
吉川徹
格差問題を生む主たる原因は学歴にある。そして今、日本社会は大卒か非大卒かに分断されてきた。そのメカニズムを解明し、問題点を指摘し、今後を展望する。

787
日本の殺人
河合幹雄
殺人者は、なぜ、どのように犯行におよんだのか。彼らにはどんな刑罰が与えられ、出所後はどう生活しているか……。仔細な検証から見えた人殺したちの実像とは。

817
教育の職業的意義
——若者、学校、社会をつなぐ
本田由紀
このままでは、教育も仕事も、若者たちにとって壮大な詐欺でしかない。教育と社会との壊れた連環を修復し、日本社会の再編を考える。

939
タブーの正体！
——マスコミが「あのこと」に触れない理由
川端幹人
電力会社から人気タレント、皇室タブーまで、マスコミ各社が過剰な自己規制に走ってしまうのはなぜか？『噂の眞相』元副編集長がそのメカニズムに鋭く迫る！

937
階級都市
——格差が街を侵食する
橋本健二
街には格差があふれている。古くは「山の手」「下町」と身分によって分断されていたが、現在もその構図は変わっていない。宿命づけられた階級都市のリアルに迫る。

995
東北発の震災論
——周辺から広域システムを考える
山下祐介
中心のために周辺がリスクを負う「広域システム」。その巨大で複雑な機構が原発問題や震災復興を困難に追い込んでいる現状を、気鋭の社会学者が現地から報告する。

1020
生活保護
——知られざる恐怖の現場
今野晴貴
高まる生活保護バッシング。その現場では、いったい何が起きているのか。自殺、餓死、孤立死……。追いつめられ、命までも奪われる「恐怖の現場」の真相に迫る。

ちくま新書

1038
１９９５年
速水健朗
１９９５年に、何が終わり、何が始まったのか。大震災とオウム事件の起きた「時代の転機」を読みとき、その全貌を描く現代史！　現代日本は、ここから始まる。

1091
もじれる社会
――戦後日本型循環モデルを超えて
本田由紀
もじれる＝もつれ＋こじれ。行き詰まり、閉々とした状況にある日本社会の見取図を描き直し、教育・仕事・家族の各領域が抱える問題を分析、解決策を考える。

1100
地方消滅の罠
――「増田レポート」と人口減少社会の正体
山下祐介
「半数の市町村が消滅する」は嘘だ。「選択と集中」などという論理を振りかざし、地方を消滅させようとしているのは誰なのか。いま話題の増田レポートの虚妄を暴く。

701
こんなに使える経済学
――肥満から出世まで
大竹文雄編
肥満もたばこ中毒も、出世も談合も、経済学的な思考を上手に用いれば、問題解決への道筋が見えてくる！　経済学のエッセンスが実感できる、まったく新しい入門書。

785
経済学の名著30
松原隆一郎
スミス、マルクスから、ケインズ、ハイエクを経てセンまで。各時代の危機に対峙することで生まれた古典には混沌とする経済の今を捉えるためのヒントが満ちている！

973
本当の経済の話をしよう
若田部昌澄
栗原裕一郎
難解に見える経済学も、整理すれば実は簡単。わかりやすさで定評のある経済学者・若田部昌澄に、気鋭の評論家・栗原裕一郎が挑む、新しいタイプの対話式入門書。

068
自然保護を問いなおす
――環境倫理とネットワーク
鬼頭秀一
「自然との共生」とは何か。欧米の環境思想の系譜をたどりつつ、世界遺産に指定された白神山地のブナ原生林を例に自然保護を鋭く問いなおす新しい環境問題入門。

ちくま新書

986
科学の限界 池内了
原発事故、地震予知の失敗は科学の限界を露呈した。科学に何が可能で、何をすべきなのか。科学者の倫理を問い直し「人間を大切にする科学」への回帰を提唱する。

253
教養としての大学受験国語 石原千秋
日本語なのにお手上げの評論読解問題。その論述の方法を、実例に即し徹底解剖。アテモノを脱却し上級の教養をめざす、受験生と社会人のための思考の遠近法指南。

1105
やりなおし高校国語
——教科書で論理力・読解力を鍛える 出口汪
教科書の名作は、大人こそ読むべきだ！　夏目漱石、森鷗外、丸山眞男、小林秀雄などの名文をカリスマ現代文講師が読み解き、社会人必須のスキルを授ける。

186
もてない男
——恋愛論を超えて 小谷野敦
これまでほとんど問題にされなかった「もてない男」の視点から、男女の関係をみつめなおす。文学作品や漫画を手がかりに、既存の恋愛論をのり超える新境地を展開。

969
女子・結婚・男選び
——あるいは〈選ばれ男子〉 高田里惠子
女子最大の問題、それはもちろん男選び。打算と尊敬と幻滅が錯綜する悲喜劇を近代文学を題材に読み解く。さあ、「女の子いかに生くべきか」。男子も女子も必読！

779
現代美術のキーワード100 暮沢剛巳
時代の思潮や文化との関わりが深い現代美術の世界を、タテ軸（歴史）とヨコ軸（コンセプト）から縦横無尽に読み解く。アートを観る視点が100個増えるキーワード集。

996
芸人の肖像 小沢昭一
小沢昭一が訪ねあるき、撮影した、昭和の芸人たちの姿。実演者である著者が、芸をもって生きるしかない「クロウト」たちに寄り添い、見つめる視線。写真164枚。

ちくま新書

565
使える！　確率的思考
小島寛之
この世は半歩先さえ不確かだ。上手に生きるには、可能性を見積もり適切な行動を選択する力が欠かせない。確率のテクニックを駆使して賢く判断する思考法を伝授！

065
マクロ経済学を学ぶ
岩田規久男
景気はなぜ変動するのか。経済はどのようなメカニズムで成長するのか。なぜ円高や円安になるのか。基礎理論から財政金融政策まで幅広く明快に説く最新の入門書。

1163
家族幻想
——「ひきこもり」から問う
杉山春
現代の息苦しさを象徴する「ひきこもり」。閉ざされた内奥では何が起きているのか？〈家族の絆〉という神話に巨大な疑問符をつきつける圧倒的なノンフィクション。

1113
日本の大課題 子どもの貧困
——社会的養護の現場から考える
池上彰編
格差が極まるいま、家庭で育つことができない子どもが増えている。児童養護施設の現場から、子どもの貧困についての実態をレポートし、課題と展望を明快にえがく。

1078
日本劣化論
笠井潔
白井聡
幼稚化した保守、アメリカと天皇、反知性主義の台頭、左右の迷走、日中衝突の末路……。戦後日本は一体どこまで堕ちていくのか？　安易な議論に与せず徹底討論。

1067
男子の貞操
——僕らの性は、僕らが語る
坂爪真吾
男はそんなにエロいのか？　初体験・オナニー・風俗・童貞など、様々な体験を交えながら、男の性の悩みを一刀両断する。学校では教えてくれない保健体育の教科書。

1027
商店街再生の罠
——売りたいモノから、顧客がしたいコトへ
久繁哲之介
「大型店に客を奪われた」は幻想！　B級グルメ、商店街を利用しない公務員、ゆるキャラなど数々の事例から、商店街衰退の真実と再生策を導き出す一冊。